A Função Social da
Empresa e ESG

© Roberto Vianna do Rego Barros, 2024
Todos os direitos desta edição reservados à Editora Labrador.

Coordenação editorial PAMELA J. OLIVEIRA
Assistência editorial LETICIA OLIVEIRA, JAQUELINE CORRÊA
Projeto gráfico AMANDA CHAGAS
Capa HELOISA D'AURIA
Diagramação MARINA FODRA
Preparação de texto LÍVIA LISBÔA
Revisão LUCAS LAVISIO
Imagens de capa FREEPIK

Dados Internacionais de Catalogação na Publicação (CIP)
Jéssica de Oliveira Molinari - CRB-8/9852

BARROS, ROBERTO VIANNA DO REGO
  A função social da empresa e ESG : a responsabilidade
dos administradores pelas políticas sustentáveis /
Roberto Vianna do Rego Barros.
  São Paulo : Labrador, 2024.
  192 p.

  ISBN 978-65-5625-568-2

  1. Administração de empresas 2. Sustentabilidade I. Título

24-1318   CDD 658

Índice para catálogo sistemático:
1. Administração de empresas

Labrador

Diretor-geral DANIEL PINSKY
Rua Dr. José Elias, 520, sala 1
Alto da Lapa | 05083-030 | São Paulo | SP
contato@editoralabrador.com.br | (11) 3641-7446
editoralabrador.com.br

A reprodução de qualquer parte desta obra é ilegal e configura
uma apropriação indevida dos direitos intelectuais e patrimoniais
do autor. A editora não é responsável pelo conteúdo deste livro.
O autor conhece os fatos narrados, pelos quais é responsável,
assim como se responsabiliza pelos juízos emitidos.

Roberto Vianna do Rego Barros

A Função Social da Empresa e ESG

A responsabilidade dos administradores
pelas políticas sustentáveis

À minha esposa, Maria Angela, e aos meus filhos, Bia, Gabi e Felipe, por me apoiarem durante esta jornada.

AGRADECIMENTO

Eu comecei a escrever este livro quando estava trabalhando em uma operação de emissão de certificado de recebíveis pela Gaia Securitizadora, que estava sendo estruturada pela empresa de gestão de negócios de impacto Artemisia. Essa operação acabou sendo extremamente inovadora para o mercado de financiamento de impacto no Brasil.

Nos últimos anos, o Brasil tem enfrentado uma expressiva dificuldade de acesso ao crédito, especialmente para pequenas e médias empresas. A taxa de juros ainda elevada no país tem sido um dos principais entraves. Além disso, a burocracia excessiva e a falta de garantias adequadas são obstáculos significativos para aqueles que buscam obter empréstimos ou financiamentos. A recessão econômica e o aumento do desemprego, principalmente em razão da pandemia, também geraram um ambiente de maior cautela por parte das instituições financeiras na concessão de crédito. O aumento da inadimplência não ajudou a melhorar essa situação. Isso impacta negativamente o crescimento e desenvolvimento dessas empresas, uma vez que o crédito desempenha um papel fundamental no investimento e na expansão dos negócios.

Alguns outros problemas afetam o processo de concessão de crédito, como a alta concentração do mercado brasileiro nos grandes bancos comerciais e a preferência desses bancos por financiamento para empresas de grande porte e com mais de dez anos de existência.[1]

Em outras palavras, empresas de pequeno e médio porte e empresas com pouco tempo de mercado (o típico perfil de empresas de impacto, no Brasil) encontram restrições práticas significativas de acesso ao crédito. Por exemplo: o investimento de capital representa 66% dos ativos sob gestão no mercado de investimentos de impacto do Brasil, enquanto o crédito representa apenas 34%.

Formas alternativas de acesso ao crédito precisaram (e precisam) ser estruturadas. Talvez o mecanismo mais promissor para se corrigir essa assimetria seja fomentar operações no mercado de capitais, de uma forma geral, e de securitizações, em particular. A nova lei de securitizações (Lei nº 14.430/22) trouxe mudanças importantes para impulsionar esse mercado, expandindo o rol de lastros que podem ser utilizados.

Assim, outros setores da economia puderam se beneficiar desse tipo de estrutura, que estava altamente concentrada em operações do agronegócio e do mercado imobiliário. Hoje, empresas de setores como educação, saúde, energia etc. sem

---

1   Segundo o "Relatório de Economia Bancária do Banco Central" de 2022, 55,2% do saldo da carteira de crédito PJ do Sistema Financeiro Nacional era alocado em empresas de grande porte (contra apenas 11,5% nas microempresas e 8,6% em empresas de pequeno porte), e 77,8% do saldo das operações de crédito era concentrado em empresas com mais de dez anos de existência (contra apenas 11,7% em empresas com até cinco anos de existência).

lastros em títulos daquelas indústrias podem emitir títulos para embasarem a operação de Certificados de Recebíveis e financiarem suas atividades. Na outra ponta, séries diferentes podem acomodar as diferentes expectativas dos investidores filantrópicos e comerciais.

Assim surgiu a operação com a Gaia e a Artemisia. Ela possibilitou que empresas do setor de educação, saúde e fomento ao emprego acessassem o mercado de capitais, por meio da securitização de lastros de dívida. Essas empresas cederam esses lastros para a Gaia, que, por sua vez, emitiu Certificados de Recebíveis, no mercado, para financiar a compra desses títulos. A operação ficou conhecida como Certificado de Recebíveis de Investimento de Impacto Ambiental e Social — ou, simplesmente, CRIIAS. Foi a primeira oferta pública de um título com essas características, registrada na Comissão de Valores Mobiliários e na B3.[2]

Para mim, foi uma grande honra ter participado dessa operação, e agradeço tanto ao João Paulo Pacífico, da Gaia, quanto ao Luciano Gurgel (hoje em novos projetos), da Artemisia, pela oportunidade. Todas as pessoas que trabalharam nessa operação merecem o meu respeito e agradecimento, mas faço algumas menções especiais: do lado da Gaia, também preciso agradecer à Ana Beatriz Barbosa, Jéssica Arruda e à Natasha Wiedmann (que está desenvolvendo, atualmente, um grande trabalho no Banco Mundial), que estiveram na

---

2   Mais informações sobre a operação em: "Artemisa e Gaia lançam certificado de recebíveis do setor de impacto". Folha de S. Paulo, 24 ago. 2023. Disponível em: https://www1.folha.uol.com.br/folha-social-mais/2023/08/artemisa-e-gaia-lancam-certificado-de-recebiveis-do-setor-de-impacto.shtml Acesso em: set. 2023.

linha de frente dessa operação conosco. Do lado da Artemisia, o Rodrigo Saad Horpaczky também esteve no dia a dia das trincheiras dessa operação, ajudando-nos a superar todos os desafios. Também não posso deixar de agradecer aos meus colegas Flávia Cavalcanti Ferreira e Lucas Bernabé, que trabalharam incansavelmente para que essa operação pudesse sair.

Finalmente, preciso agradecer aos amigos Luiz Armando Badin, Vanessa Lopes Reisner e Tatiana Matiello Cymbalista, e à minha esposa, Maria Angela Rios Veloso Bastos, pelos comentários muito pertinentes que engrandeceram o livro substancialmente.

Os desafios que eu enfrentei durante a operação do CRIIAS me fizeram ver o quão importante é esse tema e que, apesar de muito já ter sido escrito sobre políticas de sustentabilidade, dada a importância desse assunto, sempre há espaço para mais algumas considerações. Estou dando minha contribuição com este livro.

São Paulo, novembro de 2023.

SUMÁRIO

INTRODUÇÃO ———————————————— 13

    Políticas sustentáveis e ESG ———————— 18
    Objetivos de Desenvolvimento
    Sustentável (ODS) ————————————— 21
    Políticas ambientais ———————————— 23
    Políticas de governança ——————————— 28
    Políticas sociais —————————————— 31
    Global Compact da ONU —————————— 35
    Plano do livro ——————————————— 37

QUAL A FUNÇÃO SOCIAL DE UMA EMPRESA? —— 39

    Friedman e o lucro ————————————— 42
    Schwab e responsabilidade com
    seus stakeholders ————————————— 47
    Função social na lei brasileira ———————— 53

**DEVERES E RESPONSABILIDADE
DOS ADMINISTRADORES** ———————————— 65

    Finalidade dos deveres e responsabilidades
    do administrador —————————————— 77
    Deveres de diligência e lealdade ——————— 90

Dever de informação e regras de divulgação de informação ESG ——— 103

Informações sobre negociação dos administradores e pessoas ligadas ——— 106
Informações sobre fatos relevantes ——— 109
Infrações e restrições ——— 111
Informações periódicas e eventuais e políticas ESG ——— 114
Regras internacionais ——— 121

ESG E RESPONSABILIDADE DOS ADMINISTRADORES NOS MERCADOS FINANCEIRO E DE CAPITAIS — 125

Administradores de carteira de valores mobiliários e ESG ——— 127

Regras locais: ANBIMA e CVM ——— 131
Principles of Responsible Investment ——— 134
Os princípios da ICMA ——— 137

Estratégias ESG de investimento ——— 139

Filtros ——— 140
Ativismo ——— 144
Integração de valores ESG ——— 146
Investimento temático ——— 149

Deveres dos administradores de carteira de valores mobiliários ——— 153

Sustentabilidade nas instituições financeiras — 164

Política de Responsabilidade Socioambiental (PRSA) ——— 165
Relatório de Riscos e Oportunidades Sociais, Ambientais e Climáticas (GRSAC) ——— 168
Outras regras ——— 169

CONCLUSÕES ——— 173

INTRODUÇÃO

Quem trabalha com o mercado financeiro sabe que as pessoas, nessa indústria, adoram um acrônimo: CDB, CRI, CRA, ROE e seu irmão ROI, ETF, CDI, IPO e EBITDA são apenas alguns exemplos de uma infinidade de siglas utilizadas pelos banqueiros e investidores diariamente.

Em passado mais recente, o acrônimo ESG entrou na moda. Ele representa as palavras *Environmental* (Ambiente), *Social* (Social) e *Governance* (Governança). Refere-se a um conjunto de critérios usados por investidores e outras partes interessadas para avaliar o desempenho ético e de sustentabilidade de uma empresa ou organização.

Na área ambiental, além de outras questões relevantes, como a preservação de recursos hídricos ou a biodiversidade, o grande desafio diz respeito à redução das emissões de carbono. O dicionário Oxford declarou que o termo *emergência climática* foi a "palavra" do ano de 2019, demonstrando a urgência do tema. Como é sabido, o Acordo de Paris visa manter o aumento da temperatura média global muito abaixo dos 2 °C acima dos níveis pré-industriais e limitar o aumento da temperatura, até o ano de 2100, em até 1,5 °C acima do referido nível.

Para esse efeito, os signatários comprometeram-se a reduzir substancialmente as suas emissões de carbono. No entanto, de acordo com um relatório recente do Painel Intergovernamental sobre Alterações Climáticas (IPCC, um órgão intergovernamental das Nações Unidas cujo propósito é fornecer fontes objetivas de informação científica sobre as mudanças climáticas), 75% dos 184 países signatários não estão no caminho certo para cumprir as metas para

2030.³ Depois de uma redução das emissões no ano de 2020, devido à pandemia da covid-19, já pudemos ver um novo aumento em 2021. No que diz respeito ao Brasil, que é um dos dez maiores emissores do planeta, o problema não está tanto na sua matriz energética, mas no desmatamento ilegal, na degradação de florestas e na agropecuária. As consequências do fracasso do Acordo poderão ser catastróficas. De acordo com uma estimativa de 2018, até o final deste século, o valor líquido médio dos danos induzidos pelas alterações climáticas, em todo o mundo, seria de US$54 trilhões, num cenário de aquecimento de 1,5 °C. Esse número cresceria para US$69 trilhões em um cenário de aquecimento de 2 °C.⁴

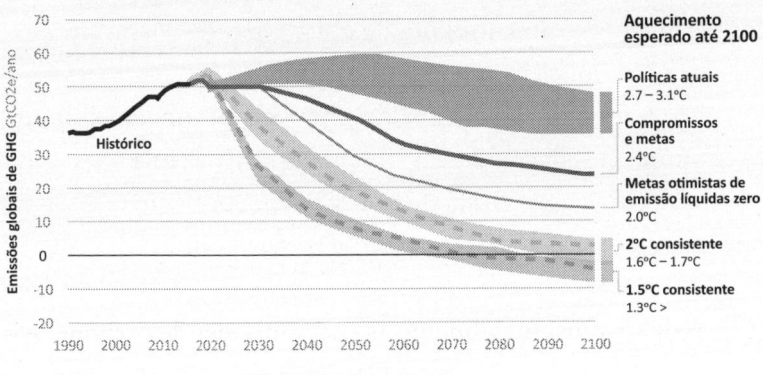

Fonte: Climate Action Tracker.
Disponível em: https://climateactiontracker.org/

---

3   No mesmo sentido, ver também: UNSD — United Nations Statistics Division. 13 Climate action: Take urgent action to combat climate change and its impacts. Disponível em: https://unstats.un.org/sdgs/report/2021/goal-13/. Acesso em: ago. 2023.
4   HOEGH-GULDBERG, Ove et al. Impacts of 1.5°C of Global Warming on Natural and Human Systems. MASSON-DELMOTTE, Valérie et al (Editor). Global Warming of 1.5°C. An IPCC

As questões sociais não são menos desafiadoras. O "Social" de "ESG" está ligado, principalmente, à gestão justa e responsável dos funcionários, mas também pode estar relacionado ao monitoramento da cadeia de suprimentos e às ações sociais junto à comunidade local da empresa. Em geral, o principal problema a ser enfrentado na esfera social é a enorme desigualdade que assola o mundo em geral, mas o nosso país em particular. Segundo o Instituto Brasileiro de Geografia e Estatística (IBGE), em 2018, o Brasil era o oitavo país mais desigual do planeta, e a renda dos 10% mais ricos era 13 vezes superior à média dos 40% mais pobres. Negros e mulheres, base da pirâmide social brasileira, são os mais afetados nesse contexto.[5] Com a pandemia, essa situação só piorou. Em dezembro de 2020, 55% da população brasileira estava em situação de insegurança alimentar (116,8 milhões de pessoas), e 9% passavam fome (19,1 milhões de brasileiros).[6]

As empresas podem e devem assumir um papel importante na redução dessas diferenças, não só incentivando a qualificação dos trabalhadores (o que pode ajudar a reduzir o desemprego), mas também adotando políticas de proteção aos seus empregados e incentivando que essas medidas

---

Special Report on the impacts of global warming of 1.5°C above pre-industrial levels and related global greenhouse gas emission pathways, in the context of strengthening the global response to the threat of climate change, sustainable development, and efforts to eradicate poverty. 1. ed. Cambridge e Nova York: Cambridge University Press, 2019, p. 175–311.
5   NASCIMENTO, Jefferson. A epidemia de desigualdade no Brasil. Disponível em: https://www.oxfam.org.br/blog/a-epidemia-de-desigualdade-no-brasil/. Acesso em: ago. 2023.
6   REDE PENSSAN. Food Insecurity and Covid-19 in Brazil. Disponível em: http://olheparaafome.com.br/VIGISAN_AF_National_Survey_of_Food_Insecurity.pdf. Acesso em: ago. 2023.

se estendam, de forma semelhante, por toda a sua cadeia de fornecimento.

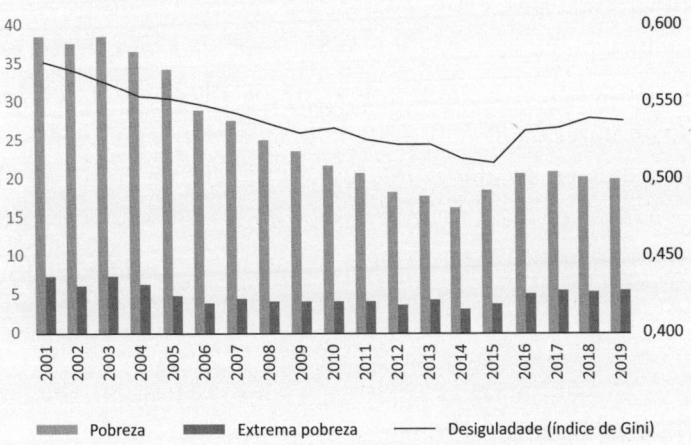

Fonte: Cepalstat e World Bank Open Data

Por fim, o aspecto relacionado à governança corporativa está ligado a uma grande variedade de temas; desde políticas de diversidade e inclusão, nos órgãos de administração das empresas; limites à remuneração dos executivos seniores; direitos das minorias; responsabilidade dos diretores e transparência da gestão; até a integração de objetivos relacionados a ESG na visão corporativa.

Como vemos, os desafios são enormes.

Políticas sustentáveis e ESG

As décadas de 1960 e 1970 testemunharam uma crescente conscientização sobre questões ambientais, impulsionada pelas pesquisas científicas sobre esses problemas e por eventos como a publicação do livro *Primavera Silenciosa*, de Rachel Carson, em 1962.[7] Muito do que existe hoje em termos de sustentabilidade vem dessa época. Talvez a contribuição conceitual mais importante tenha sido a de "meio ambiente", como o prisma pelo qual enxergamos o mundo e o lugar que ocupamos. Apesar de o termo já existir pelo menos desde o século XVII, ele foi formulado, por volta da década de 1970, de forma a quebrar a visão binária ocidental de natureza (o "outro") e civilização ("nós") e passou a indicar uma comunidade de organismos que interagem entre si, em uma miríade de formas.[8]

Esse período marcou uma mudança na percepção da necessidade de as empresas serem responsáveis por seus impactos ambientais, influenciada por diversos economistas que voltaram sua atenção para uma lógica econômica que pudesse compatibilizar crescimento, recursos naturais e justiça social, muitos deles agrupados no chamado Clube

---

7   A recepção ao livro de Carson foi estrondosa. A *House of Lords*, na Inglaterra, debateu o livro por cinco horas em 1963, e o presidente John F. Kennedy pediu ao *Science Advisory Committee* para investigar as alegações científicas do livro. Por outro lado, empresas como Monsanto, DuPont e outras do ramo químico trabalharam duro para desacreditar as ideias propagadas pelo livro (CARADONNA, Jeremy J. *Sustainability, a History*. New York: Oxford University Press, 2022, pp. 95-97). O livro de Carson influenciou outras publicações como *The Quiet Crisis*, de Steward L. Udal, e *The Population Bomb*, de Paul R. Ehrlich.

8   CARADONNA, op. cit., p. 91.

de Roma.⁹ O conceito de *responsabilidade social corporativa* ganhou destaque durante esse período, enfatizando responsabilidades das empresas, a despeito da maximização de lucros, incluindo a consideração de seu impacto em comunidades, no meio ambiente e em outras partes interessadas.¹⁰ A ideia de responsabilidade social estabeleceu as bases para os aspectos "S" e "G" do ESG.

No início dos anos 2000, à medida que as preocupações com as mudanças climáticas e a sustentabilidade aumentavam, ficou evidente a necessidade de as empresas produzirem relatórios padronizados das práticas ambientais, sociais e de governança. Então, organizações como a Global Reporting Initiative (GRI) foram estabelecidas para a criação das estruturas de tais relatórios. Enquanto isso, instituições financeiras começaram a desenvolver índices ESG para rastrear o desempenho das empresas com base nesses critérios. Durante esse período, as considerações ESG ganharam mais atenção de investidores institucionais, gestores de ativos e reguladores. A ideia de que empresas sustentáveis e bem geridas pudessem oferecer melhor desempenho financeiro, a longo prazo, ganhou aceitação. A iniciativa *Principles for Responsible Investment* (PRI), apoiada pela ONU e lançada

---

9   O Clube de Roma foi um *think tank* fundado em 1968 pelo industrial italiano Aurelio Peccei, que patrocinou a publicação do extremamente influente *The Limits to Growth* em 1972 (de Donella H. Meadows, Dennis L. Meadows, Jorgen Randers e William W. Behrens III). Esse livro, discutido até hoje, iniciou uma série de debates sobre a necessidade de crescimento sem fim (Ibidem, p. 116).

10   Não podemos confundir a ideia de responsabilidade social com a de função social. Responsabilidade social está ligada a iniciativas voluntárias das empresas, com base no conceito de discricionariedade gerencial, e se caracteriza principalmente por ações filantrópicas. Normalmente, ela está ligada às grandes empresas, que têm excedente de recursos para essas atividades (e esperam conseguir algum benefício indireto desses projetos, na forma de marketing positivo para a companhia). A função social, por outro lado, como veremos, tem um caráter legal e obrigatório.

em 2006, desempenhou um papel significativo na promoção da integração do ESG nas práticas de investimento.[11]

No Brasil, em agosto de 2023, o Instituto Brasileiro de Governança Corporativa (IBGC) lançou a sexta edição do seu Código de Melhores Práticas de Governança Corporativa. Em relação à quinta edição, de 2015, o Código é muito mais focado em questões relacionadas à sustentabilidade, que passa a ser um princípio expresso do documento (antes referido como "responsabilidade corporativa"). Ele também incorpora expressamente a ideia de que as partes interessadas (*stakeholders*) são fundamentais para a governança das empresas.

Com um número crescente de investidores, a integração do ESG como fator de decisão tornou-se mais comum na indústria de investimentos. Nos últimos anos, o "investimento de impacto" também ganhou destaque, com foco em investimentos que geram impactos positivos (ambientais ou sociais), além de retornos financeiros.

Governos e órgãos reguladores começaram a reconhecer a importância das considerações ESG. Vários países introduziram regulamentações e requisitos de relatórios relacionados aos fatores ESG, incentivando maior transparência e responsabilidade dos agentes de mercado.

Abordar as questões ESG tornou-se cada vez mais importante; não apenas por motivos éticos, mas também para atrair, estrategicamente, investidores, clientes e talentos.

---

11 O PRI identifica as mudanças climáticas como desafio prioritário para os investidores na atualidade: PRI. Climate change. Disponível em: https://www.unpri.org/climate-change. Acesso em: ago. 2023.

Cabe ressaltar que foi a pressão das partes interessadas — incluindo consumidores, funcionários e ativistas — o que levou as empresas a incorporarem considerações ESG em suas políticas; refletindo o reconhecimento crescente de uma interconexão entre as práticas corporativas e os impactos positivos no mundo.

Objetivos de Desenvolvimento Sustentável (ODS)

Quando uma empresa quer começar a pensar sobre políticas ESG, o primeiro lugar a se olhar seguramente é para as metas estabelecidas pelas Nações Unidas para um desenvolvimento mundial sustentável.

Os 17 Objetivos de Desenvolvimento Sustentável (ODS) das Nações Unidas são uma iniciativa global que visa abordar os principais desafios sociais, econômicos e ambientais enfrentados pelo mundo.[12] Esses objetivos incluem a erradicação da pobreza, o combate à fome, a promoção da saúde e da educação de qualidade, a igualdade de gênero, o acesso à água potável, o uso sustentável dos recursos naturais, a redução das desigualdades, entre outros. Eles foram criados para serem alcançados até 2030 e fornecem um roteiro abrangente para a construção de um futuro mais justo, inclusivo e sustentável para todos.

---

12 UNITED NATIONS. The 17 goals. Disponível em: https://sdgs.un.org/goals. Acesso em: 24 jan. 2024.

Os ODS levaram décadas para serem finalizados, mas o primeiro passo foi dado em junho de 1992, na chamada ECO-92 realizada no Rio de Janeiro. Nesse evento, 178 países adotaram a Agenda 21, um plano de ação para ser adotado global e localmente e construir uma parceria mundial em torno do desenvolvimento sustentável, da melhoria da vida humana e da proteção do meio ambiente. Esse seria o embrião para o desenvolvimento dos ODS.

A importância dos ODS reside na necessidade de equilibrar o progresso humano com a preservação do planeta. Eles reconhecem a interconexão entre os diferentes desafios enfrentados pela humanidade e destacam a importância de abordá-los de forma integrada. A estrutura dos ODS é composta por dezessete metas específicas, que são apoiadas por 169 indicadores mensuráveis. A implementação efetiva dos ODS é essencial para enfrentar os desafios globais e construir um futuro mais sustentável para as gerações presentes e futuras.

Muitos investidores internacionais, como TPG e KKR, lançaram fundos cujas estratégias incluem ajudar um ou mais ODS. Além disso, os maiores objetivos de investimento de impacto nos últimos anos estão ligados à energia limpa (ODS 7), fome zero (ODS 2), trabalho decente e crescimento econômico (ODS 8).[13]

---

13   INTERNATIONAl Finance Corporation. *Growing Impact*: New Insights into the Practice of Impact Investing. 1. ed. Washington: [s.n.], 2020.

Objetivos de desenvolvimento sustentável

Fonte: Organização das Nações Unidas (ONU). Disponível em: https://brasil.un.org/pt-br/sdgs. Acesso em: 26 fev. 2024.

Políticas ambientais

Com relação a estratégias ambientais, aquela que mais preocupa as empresas ao redor do mundo é o controle do que a indústria passou a chamar de "pegada de carbono",[14] isto é, o total de emissões de gás carbono associado ao negócio da empresa. A produção de carbono, especialmente na forma de dióxido de carbono (CO_2), contribui significativamente para o aquecimento global, ao intensificar o efeito estufa. Esses gases retêm o calor na atmosfera, levando ao aumento da temperatura média da Terra, a alterações nos padrões

---

[14] Muitos sustentam que o foco no carbono está eclipsando outras questões ambientais relevantes, como a poluição sonora. Aqui, tivemos que fazer um recorte exemplificativo do que pode ser uma política ambiental — e não queremos, de forma alguma, diminuir a importância de todas as outras questões envolvidas.

climáticos, eventos climáticos extremos e elevação do nível do mar, resultando em impactos adversos para ecossistemas e comunidades em todo o mundo.

Entretanto, a mera definição dessa pegada já é muito difícil de ser feita. Uma importante iniciativa (que tem servido de parâmetro para políticas ambientais ao redor do mundo) é a classificação das emissões de gases de efeito estufa em três níveis distintos: emissões de Escopo 1, Escopo 2 e Escopo 3. Empresas e organizações estão sendo pressionadas a explicar como as estão reduzindo.

O sistema de Escopo 1, 2 e 3 foi desenvolvido pelo *Greenhouse Gas Protocol* (Protocolo de Gases de Efeito Estufa),[15] com o intuito de medir o progresso rumo à redução necessária estabelecida pelo Acordo de Paris, ou seja, para manter o aumento da temperatura global abaixo de 2 °C em relação aos níveis pré-industriais.

Escopo 1 são aquelas emissões diretas, associadas à atividade-fim econômica, exercida pela empresa ou entidade — como a operação de máquinas, veículos, o aquecimento de prédios, os processos químicos e físicos utilizados para a produção dos bens e serviços por ela gerados, o uso de computadores etc. As emissões de Escopo 2 são aquelas indiretamente associadas à sua atividade-fim, notadamente as resultantes da produção da energia comprada pela organização, mas ainda assim decorrentes de sua operação direta. Já as emissões de Escopo 3 são

---

15 O detalhamento desses critérios está disponível em: GREENHOUSE GAS PROTOCOL. We set the standards to measure and manage emissions. Disponível em: https://ghgprotocol.org/. Acesso em: 24 jan. 2024.

todas as demais emissões indiretas inseridas na cadeia de valor da empresa, incluindo aquelas produzidas pelos fornecedores de seus insumos (*upstream*) e pelos seus consumidores (*downstream*), abrangendo as atividades fora da propriedade e do controle da empresa. São as emissões de gases de efeito estufa que decorrem, por exemplo, do uso dos produtos por clientes ou da produção dos bens utilizados pela empresa. Essas emissões geralmente são as mais significativas e difíceis de controlar, uma vez que dependem de decisões externas.

Medir e controlar as emissões de Escopo 1 e 2 é relativamente mais fácil para as empresas, pois podem adotar práticas sustentáveis, direcionar seu consumo para energia renovável ou mudar sua frota para veículos elétricos. Também é possível reduzir as emissões de Escopo 2 de uma empresa ao se optar por fontes renováveis em vez de combustíveis fósseis. No entanto, as emissões de Escopo 3 estão sob controle de fornecedores e clientes, tornando sua diminuição mais desafiadora.

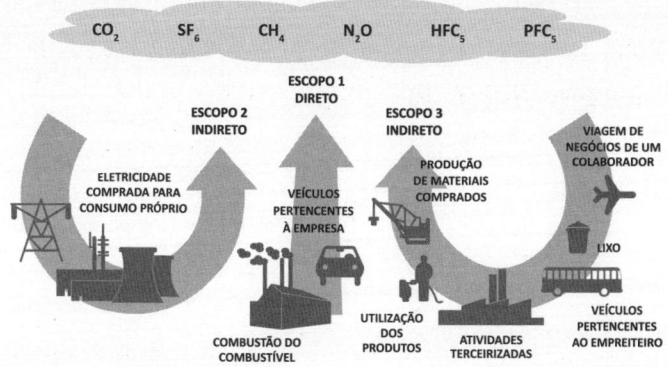

Fonte: Guia para Elaboração de Inventários Corporativos de Emissão de Gases do Efeito Estufa. Disponível em: https://cetesb.sp.gov.br/proclima/wp-content/uploads/sites/36/2014/05/cartilha_ghg_online.pdf. Acesso em: 26 fev. 2024.

Apesar disso, várias empresas estão se comprometendo a cortar as emissões de Escopo 3 como parte de seus esforços em conter as mudanças climáticas. Aqui no Brasil, por exemplo, a Vale estabeleceu uma redução de 33% das emissões de Escopo 1 e 2 até 2030 e de 15% das emissões de Escopo 3 até 2035.[16] Outra estratégia ambiental muito relevante está relacionada ao uso racional da água. Aparentemente, temos uma abundância de água no planeta, já que ela cobre 71% da superfície da Terra. Entretanto, 97% desse total está nos oceanos, o que significa que ela é salgada, ou seja, não é apropriada para ser bebida ou para ser utilizada na agricultura e na indústria. Dos 3% restantes, 2% da água não está disponível para consumo: está congelada em glaciais, está na atmosfera ou está armazenada muito profundamente, para ser extraída de forma sustentável.

Em suma, somente 1% da água do planeta é apropriada para o consumo humano. Em outras palavras, se toda a água do mundo fosse reduzida a 100 litros, a água potável caberia em uma colher de chá.[17] Como não pode haver vida, no planeta, sem água (e, em particular, água potável), a administração racional desse recurso é imprescindível.

---

16 VALE. Clima. Disponível em: https://vale.com/pt/esg/clima. Acesso em: ago. 2023.
17 Informações disponíveis em: https://www.tbsnews.net/world/water-facts-05-earths-water-readily-available-drink-220234. Acesso em: maio 2023.

1% POTÁVEL

apesar de mais de 70% da superfície da Terra ser coberta por água, menos de 1% é própria para consumo

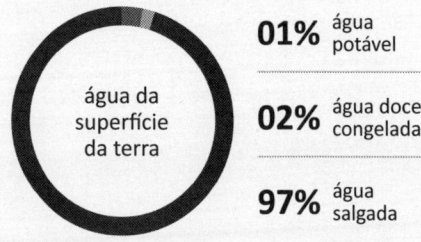

água da superfície da terra

01% água potável

02% água doce congelada

97% água salgada

Fonte: WWF. Disponível em: **wwf.org.br**. Acesso em: 24 jan. 2024.

O Brasil agrega oportunidades e desafios relacionados com esse tema. Por um lado, o Brasil detém cerca de 20% da água doce disponível no planeta; o que representa um recurso vital valioso, mas também impõe uma imensa responsabilidade na sua gestão sustentável. Além disso, o país abriga uma riqueza extraordinária de biodiversidade, com vastas áreas de florestas tropicais e ecossistemas únicos, destacando a importância do Brasil na preservação global da diversidade biológica e na mitigação das mudanças climáticas. Por outro lado, como sabemos, somos um dos maiores produtores de carne bovina do mundo. A produção de cada quilo de carne consome 15.400 litros de água. O Brasil produz 10,3 milhões de toneladas de carne bovina por ano. A boa notícia é que muitas empresas brasileiras estão endereçando tais questões.

A BRF, por exemplo, comprometeu-se a reduzir seu consumo de água em 13% até 2025, concentrando-se na melhoria da gestão através de automação, no aumento do reúso da água em fábricas e nas parcerias para a adoção de tecnologias que aumentam a eficiência hídrica. A BRF também emprega uma metodologia de avaliação de riscos e vulnerabilidade, empregando ações preventivas e corretivas, analisando suas operações com base nos fatores de qualidade da água, disponibilidade e dependência hídricas.[18]

Políticas de governança

A sexta edição do Código de Melhores Práticas de Governança Corporativa do IBGC define governança como

> um sistema formado por princípios, regras, estruturas e processos pelo qual as organizações são dirigidas e monitoradas, com vistas à geração de valor sustentável para a organização, para seus sócios e para a sociedade em geral. Esse sistema baliza a atuação dos agentes de governança e demais indivíduos de uma organização na busca pelo equilíbrio entre os interesses de todas as partes, contribuindo positivamente para a sociedade e para o meio ambiente. (IBGC, 2023).

---

18 SOUZA, Cleber; OMENA, Mateus. "Conheça 7 empresas com atuação no Brasil que estão empenhadas em reduzir o consumo de água". Forbes, 22 mar. 2021. Disponível em: https://forbes.com.br/forbesesg/2021/03/conheca-7-empresas-com-atuacao-no-brasil-que-estao-empenhadas-em-reduzir-o-consumo-de-agua/#foto4. Acesso em: ago. 2023.

Uma das principais medidas que estão sendo tomadas pelas empresas é aumentar a representatividade em seus órgãos de administração, principalmente no que diz respeito à sub-representação de mulheres e negros em posições de liderança. Esse é um problema persistente em muitos países e setores.

Embora haja variações regionais, a tendência geral é de desigualdade. De acordo com pesquisa realizada pela Teva Índices, as mulheres ocupavam apenas 16,7% dos assentos nos conselhos das empresas listadas na B3 em 2023.[19] Nos EUA, o relatório *2020 Women on Boards* indicou que as mulheres compunham cerca de 20,4% dos membros de conselhos de empresas listadas no índice Russell 3000, em 2020.[20] Já, na União Europeia, em 2021, o relatório da *European Women on Boards* revelou que as mulheres ocupavam 35% dos assentos nos conselhos das empresas do Euro Stoxx 50, apesar de esse número variar significativamente de um país para outro.[21]

Dados sobre a representação de negros em conselhos de empresas no Brasil são escassos, mas estudos mostram que a representação é muito baixa, não refletindo a diversidade racial do país. Nos EUA, em 2020, a *Alliance for Board Diversity* informou que os afro-americanos representavam apenas 9,3% dos membros de conselhos nas empresas do índice S&P 500.[22]

---

19 TEVA. Índice Teva Mulheres na Liderança. Disponível em: https://www.tevaindices.com.br/esg-data/esg-mulheres-na-lideranca. Acesso em: out. 2023.
20 CALIFORNIA Department of Insurance. 2020 Women on Boards Gender Diversity Index. Disponível em: https://www.insurance.ca.gov/diversity/41-ISDGBD/GBDExternal/upload/2020WO-BIndex2011-14.pdf. Acesso em: out. 2023.
21 EWOB. Gender Diversity Index of Women on Boards and in Corporate Leadership. Disponível em: https://europeanwomenonboards.eu/wp-content/uploads/2022/01/2021-Gender-Diversity-Index.pdf. Acesso em: out. 2023.
22 DELOITTE. Missing Pieces Report. Disponível em: https://www2.deloitte.com/us/en/pages/center-for-board-effectiveness/articles/missing-pieces-report-board-diversity.html?utm_cam-

Por outro lado, no Reino Unido, o *Parker Review* de 2023 destacou que a representação de minorias étnicas nos conselhos das empresas britânicas está abaixo do ideal, com apenas 22% das empresas do FTSE 100 tendo mais de dois diretores que fazem parte de minorias étnicas.[23]

Esses números refletem um problema crônico de falta de diversidade de gênero e racial nos órgãos de liderança corporativa. A sub-representação de mulheres e negros nos conselhos de empresas é preocupante, pois a diversidade é crucial para a tomada de decisões eficazes e para a promoção da igualdade nas organizações. Para abordar essa questão, muitas iniciativas incluem políticas de cotas, além de treinamento e conscientização sobre diversidade e inclusão, mas ainda há um longo caminho a percorrer para alcançarmos uma representação mais equitativa.

Outros temas particularmente importantes, como conformidade, transparência e gestão de risco, estão altamente interligados. As empresas de capital aberto estão sujeitas a um conjunto de regras a respeito de divulgação de informação ao mercado (como veremos mais adiante). Para as empresas fechadas, há sempre a possibilidade de publicação de um balanço social, com as ações da empresa sobre os seus principais *stakeholders*. Também discutiremos esse assunto com mais calma no decorrer deste livro.

---

paign=2021%20Research%20%26%20Publications&utm_content=169138268&utm_medium=social&utm_source=linkedin&hss_channel=lcp-1017201. Acesso em: out. 2023.

23 PARKER REVIEW. Improving the Ethnic Diversity of UK Business. Disponível em: https://parkerreview.co.uk/wp-content/uploads/2023/03/The-Parker-Review-March-2023.pdf. Acesso em: out. 2023.

Políticas sociais

A maior referência para as políticas sociais corporativas são os *Guiding Principles on Business and Human Rights* (Princípios Orientadores sobre Empresas e Direitos Humanos),[24] um conjunto de diretrizes desenvolvidas pela Organização das Nações Unidas para promover e proteger os direitos humanos no contexto das atividades empresariais. Esses princípios foram adotados pelo Conselho de Direitos Humanos da ONU, em 2011, e representam um marco importante na interseção entre negócios e direitos humanos, estabelecendo um conjunto de padrões internacionais reconhecidos globalmente.

    Os *guiding principles* consistem em três pilares interconectados. O primeiro pilar requer que o Estado assuma a responsabilidade de proteger os direitos humanos contra violações relacionadas a atividades empresariais. Isso envolve a criação de políticas, regulamentações e mecanismos de fiscalização, para garantir que as empresas não causem danos aos direitos humanos. O segundo pilar exige que as empresas respeitem os direitos humanos, o que significa que elas devem evitar causar impactos negativos nos direitos humanos (ou mesmo contribuir para isso) em todas as suas operações. O terceiro pilar trata da necessidade de acesso a remédios efetivos para as vítimas de abusos praticados

---

[24] UNITED NATIONS. Guiding Principles on Business and Human Rights. Disponível em: https://www.ohchr.org/sites/default/files/documents/publications/guidingprinciplesbusinesshr_en.pdf. Acesso em: ago. 2023.

pelas empresas, exigindo que as partes envolvidas forneçam acesso à reparação e à justiça para as vítimas.

Em conjunto, esses princípios estabelecem um quadro global, que promove a responsabilidade das empresas em relação aos direitos humanos, buscando assegurar que as atividades comerciais contribuam para um mundo mais justo e respeitoso aos direitos fundamentais de todas as pessoas.

Outra política social importante está ligada ao relacionamento da sociedade empresarial com seus funcionários. Em primeiro lugar, é preciso dizer que a visão do empregado como um mero vendedor de sua força de trabalho, tendo, como contrapartida, um salário, não se sustenta mais. Além do interesse em um salário justo, o empregado também quer prestações previdenciárias, higiene, segurança e salubridade no ambiente de trabalho e a possibilidade de se desenvolver pessoal e profissionalmente dentro da empresa.

Na esteira da Declaração Universal dos Direitos Humanos, promulgada em 1948, dois pactos que procuram concretizar os princípios da Declaração foram promulgados em 1966: o Pacto Internacional sobre Direitos Civis e Políticos e o Pacto Internacional sobre Direitos Econômicos e Sociais. Entre os diversos direitos reconhecidos pelo Pacto Internacional sobre Direitos Econômicos e Sociais estão os direitos trabalhistas, tais como a livre escolha da profissão, a igualdade de remunerações para a mesma função, sem distinção entre homens e mulheres, a segurança e higiene no local de trabalho, o repouso semanal, a limitação da jornada de trabalho e férias remuneradas, a licença-maternidade e o direito de greve, o direito à seguridade social, o direito à alimentação, ao vestuário, à habitação, à saúde e à educação gratuita. Nossa Constituição incorporou a maior parte desses direitos nos artigos 6º, 7º e 194 a 217.[25]

Ainda do ponto de vista internacional, outro marco importante foi a fundação da Organização Internacional do Trabalho (OIT), em 1919, como parte do Tratado de Versalhes após a Primeira Guerra Mundial. Sua criação foi motivada pelo reconhecimento da necessidade de garantir melhores condições de trabalho em todo o mundo e promover a justiça social como um meio de prevenir conflitos e promover a paz. A OIT estabeleceu normas internacionais e proporcionou um fórum em que governos, empregadores e trabalhadores podem debater questões trabalhistas e buscar soluções colaborativas. Em 1998, a OIT promulgou a Declaração dos Princípios e Direitos Fundamentais no Trabalho, durante a 86ª Sessão da Conferência Internacional do Trabalho, realizada em Genebra, na Suíça. Essa Declaração representa um pilar fundamental no esforço global de promover e proteger os direitos dos trabalhadores. Resumida em quatro princípios fundamentais, enfatiza a universalidade dos direitos trabalhistas e sua profunda importância. Ela destaca a relevância da liberdade de associação, a erradicação do trabalho forçado, a abolição do trabalho infantil e a eliminação da discriminação no emprego.

A Declaração não apenas serve como um guia para políticas trabalhistas em todo o mundo, mas também reflete o compromisso da comunidade internacional em proteger os

---

25　TOMASEVICIUS FILHO, Eduardo. A função social da empresa. *Revista dos Tribunais*, São Paulo, v. 92, n. 810, pp. 33-50, abr. 2003.

direitos e o bem-estar dos trabalhadores, independentemente de sua localização ou circunstâncias.

O Brasil tornou-se membro da OIT em 1957 e tem desempenhado um papel ativo na organização desde então, participando de várias conferências e comitês, contribuindo para a elaboração de normas trabalhistas globais e em políticas de promoção de direitos dos trabalhadores. A participação do Brasil na OIT é um reflexo do seu compromisso com o desenvolvimento social e econômico, bem como com a proteção dos direitos dos trabalhadores em níveis nacionais e internacionais.

Esse é o arcabouço principiológico que as empresas devem seguir nas suas relações com os seus empregados.

Nesse sentido, uma das formas mais profundas e abrangentes de implementar uma política social voltada aos empregados é através da cogestão. A Lei nº 10.303 de 31 de outubro de 2001, acrescentou um parágrafo ao art. 140 da Lei das Sociedades por Ações, facultando ao estatuto das companhias prever a participação de representante dos empregados no conselho de administração. Esse representante deve ser escolhido pelo voto dos empregados, em eleição organizada pela empresa, em conjunto com as entidades sindicais que os representam.

Além disso, a Lei nº 12.353, de 28 de dezembro de 2010, regulamentada pela Portaria 26/2011 do Ministério do Planejamento, Orçamento e Gestão, tornou imperativa a inclusão de um representante dos funcionários nos conselhos de administração de empresas estatais que possuíssem mais de duzentos empregados próprios. O texto legislativo estipulou que esse representante dos empregados seja eleito por voto direto entre os funcionários ativos da empresa pública, em um processo de eleição conduzido em colaboração com as entidades sindicais que os representam. Com a promulgação da Lei nº 13.303, em 30 de junho de 2016, conhecida como a "Lei das Estatais" ou "Lei de Responsabilidade das Estatais" (e, posteriormente, regulamentada pelo Decreto 8.945/2016, em 27 de dezembro de 2016), o direito à representação dos empregados no conselho de administração foi fortalecido.[26]

Nas empresas públicas federais, existem, hoje, 461 conselheiros indicados pelo governo. Destes, cinquenta nomes são eleitos pelos trabalhadores. As poucas empresas públicas estaduais com mais de duzentos empregados também contam com representantes dos trabalhadores em seus conselhos.

Global Compact da ONU

Finalmente, é preciso dizer que um dos principais sintomas da importância que esse tema ganhou no mundo contemporâneo é a criação do Pacto Global (*Global Compact*) das Nações Unidas, uma iniciativa voluntária lançada no ano 2000 pela ONU.[27] Seu objetivo é incentivar empresas e organizações ao redor do mundo a adotarem políticas e práticas sustentáveis e socialmente responsáveis. O Pacto Global é fundamentado em dez princípios universalmente aceitos, que abrangem direitos humanos, normas trabalhistas, proteção ambiental

---

26 Ver artigo 19 da Lei e do artigo 33 do Decreto.
27 United Nations Global Impact. Disponível em: https://unglobalcompact.org/. Acesso em: 24 jan. 2024.

e medidas anticorrupção. Esses princípios servem como um guia para orientar empresas a alinharem suas operações e estratégias a metas mais amplas da sociedade.

Desde sua criação, o Pacto Global tornou-se a maior iniciativa de sustentabilidade corporativa do mundo. Ele atraiu a adesão de milhares de empresas de diferentes setores e tamanhos, abrangendo diversos países. Essas empresas se comprometem a integrar os dez princípios em suas atividades comerciais, cadeias de suprimentos e operações. Ao aderirem voluntariamente ao Pacto Global, as empresas demonstram sua dedicação em promover o desenvolvimento sustentável e contribuir positivamente para desafios globais. Essa iniciativa facilita a colaboração entre o setor privado, a sociedade civil e os governos, promovendo o diálogo e a ação coletiva para uma economia global mais inclusiva e sustentável.

Ao longo dos anos, o Pacto Global desempenhou um papel fundamental na defesa de práticas comerciais responsáveis, conscientizando sobre a importância da sustentabilidade empresarial e adaptando seu instrumental às dinâmicas globais em mudança (abordando questões climáticas, de desigualdade e do impacto da tecnologia nas sociedades).

Em 2023, o Brasil tinha mais de duas mil empresas — de diversos tamanhos e diferentes áreas — participantes dessa iniciativa. Um dado importante para a discussão que teremos é que muitas delas estão organizadas sob a forma de sociedade limitada. Em outras palavras, essa não é uma iniciativa voltada apenas a grandes negócios ou empresas de capital aberto, mas ao mundo empresarial como um todo.

Plano do livro

A questão fundamental deste livro é saber em que medida a responsabilidade do administrador nas atribuições conferidas pela lei e pelo estatuto para atender aos interesses da companhia (de forma, diligente, transparente e leal[28]), se coaduna com a possibilidade de implementar políticas sustentáveis para o negócio.

No centro desse debate, está a ideia de *função social da empresa*, que também foi incluída pela lei como objetivo — não só da companhia, mas também de seus administradores e acionistas controladores.

Dessa forma, primeiramente, analisaremos o conceito de função social da empresa, tema que foi objeto não só do legislador brasileiro, mas de grandes correntes do pensamento econômico mundial.

Em seguida, analisaremos mais a fundo quais são, pela lei brasileira, os deveres e responsabilidades de administradores de sociedades empresariais. Começaremos analisando o que diz o nosso Código Civil sobre as sociedades limitadas. Em seguida, analisaremos a Lei das Sociedades por Ações, em particular no que diz respeito às finalidades dessas obrigações, em geral, e os deveres de diligência, lealdade e informação, em particular. Nesses dois casos, traçaremos um paralelo com as políticas ESG e sua relação com esses princípios.[29]

---

28   Segundo os termos dos arts. 154 e seguintes da Lei nº 6.404 de 15 de dezembro de 1976, conforme alterada (que passaremos a designar simplesmente como "Lei das Sociedades por Ações").
29   É importante salientar aqui que, apesar de muito do que for dito neste trabalho ser aplicável às empresas de economia mista e às empresas públicas, não vamos analisar as peculiaridades

Finalmente, analisaremos como essa questão aparece em mercados regulados, como é o caso dos mercados financeiro e de capitais. Primeiro, analisaremos como os administradores de fundos de investimento tratam o assunto, e o ambiente regulatório ligado a eles. Em seguida, veremos as regras do Banco Central do Brasil voltadas para práticas ESG das instituições financeiras. Aqui traçaremos um paralelo entre os deveres dos administradores frente aos investidores e acionistas, conforme o caso, e suas obrigações em fazer e implementar políticas sustentáveis.

O tema é complexo, e este trabalho, com certeza, não pretende ser a palavra final sobre o assunto. Mas, na nossa opinião, o zeitgeist (espírito do tempo) atual não mais permite que empresas foquem exclusivamente o lucro, sem se importarem com todos os atores sociais à sua volta: trabalhadores, fornecedores, clientes e a comunidade na qual elas estão inseridas. Demonstrar que isso se sustenta juridicamente — e que, ao contrário, ignorar essa pluralidade de responsabilidades tornou-se antijurídico — é, portanto, de suma importância.

---

dessas empresas. Suas relações com a função social que uma empresa deve cumprir são vastas e profundas, e precisaríamos de um outro livro apenas para esgotar esse assunto.

QUAL A FUNÇÃO SOCIAL DE UMA EMPRESA?

"Stakeholder capitalism is all about delivering long-term, durable returns for shareholders"

LARRY FINK - *THE POWER OF CAPITALISM*
(CARTA AOS CEOS DE 2022)

Função social é um daqueles termos que alguns filósofos chamam de noções (ou ideias) confusas.[30] Uma noção somente pode ser considerada inequívoca se o seu campo de aplicação for completamente determinado, o que apenas acontece em um sistema formal (como o da lógica ou da matemática). Assim, por exemplo, a noção de uma torre, em um jogo de xadrez, satisfaz a essa condição. Mas isso não ocorre com noções de sistemas que se aplicam a eventos futuros cuja natureza não pode ser completamente precisa. Esse é o caso, entre outros, da ideia de função social.

Essas noções evidenciam, portanto, o problema da gestão e da precisão desses conceitos, questão mais inelutável quanto maior o grau de fluidez, de confusão delas. Normalmente, essas noções somente podem ser precisadas se escolhermos alguns de seus aspectos, incompatíveis com outros, dentro de uma determinada escala de valores — e analisarmos o caso concreto ao qual estamos efetivamente nos referindo.[31] Assim, *liberdade* é outro exemplo relevante de noção confusa. Mas essa confusão pode ser afastada se a utilizarmos em um campo preciso, como dentro do sistema jurídico dos homens livres, em oposição aos escravos. Entretanto, essa clareza deixa de existir, novamente, se mudarmos o seu campo de aplicação. Ela precisará ser refeita. Em suma, um acordo sobre uma noção confusa só é possível dentro de uma escala de valores previamente estabelecida por uma

---

30 Segundo Chaïm Perelman, ao contrário das ciências da natureza, que trabalham com conceitos analíticos, o objeto da filosofia seria exatamente o estudo sistemático das noções confusas (PERELMAN, Chaïm. *Éthique et droit*. Bruxelas: Éditions de l'Université de Bruxelles, 1990, p. 17).
31 PERELMAN, Chaïm. op. cit., pp. 179-180.

comunidade específica e deve mudar, necessariamente, cada vez que mudarmos o sistema no qual ela está inserida.

Nesse sentido, noções confusas são forçosamente contingentes, pois a construção de seu conceito é sempre provisória e requer que o processo de debate dialético[32] de sua construção seja sempre retomado para se legitimar.[33]

Ao longo do tempo, muitos se debruçaram sobre a questão da função social da empresa.[34] De uma forma geral, temos hoje duas grandes correntes: a primeira, estabelecida na década de 1970, pelo grande economista norte-americano Milton Friedman, preconizava que essa função era única e exclusivamente a geração de lucro para seus acionistas. Mais recentemente, apoiado sobre o pensamento do economista alemão Klaus Schwab, essa noção foi expandida, para levar em conta os vários atores sociais envolvidos na atividade empresarial.

Apesar de ser mencionada expressamente na Lei de Sociedade por Ações não há uma definição clara do que seja essa função no ordenamento jurídico brasileiro. Entretanto,

---

32 A dialética, ao contrário da analítica, tem seu lugar onde não existem critérios, cálculos, experiências para dirimir as diferenças; quando um desacordo não pode ser encerrado com o emprego de uma técnica específica. Uma característica essencial do raciocínio dialético é que suas conclusões não são formalmente válidas (e, portanto, verdadeiras ou falsas), mas apenas *prováveis* ou *razoáveis*. Assim, para que a conclusão possa ser considerada válida, ela precisa ser aceita pelo interlocutor. Para Aristóteles, por exemplo, as hipóteses de base do raciocínio dialético têm que ser admitidas pelo senso comum (sendo razoáveis para todos) e sua conclusão deverá ser sempre contingente, podendo ser modificada através de um novo debate (PERELMAN, Chaïm. *Rhétoriques*. 2. ed. Bruxelas: Éditions de l'Université de Bruxelles, 2012, p. 14 et seq.).

33 PERELMAN, op. cit., p. 175 et seq.

34 Apenas para esclarecer a terminologia a ser utilizada, o art. 966 do Código Civil determina que "Considera-se [sic] empresário quem exerce profissionalmente atividade econômica organizada para a produção ou a circulação de bens ou de serviços". Nesse sentido, empresa é a atividade exercida pelo empresário, ou seja, a produção ou a circulação de bens ou de serviços economicamente organizada. No caso dessa atividade ser exercida por pessoa física, falamos em empresário individual. Se ela for exercida por pessoa jurídica, falamos em sociedade empresária.

algumas pistas podem ser encontradas tanto na própria lei que regulamenta as companhias no Brasil, como na nossa Constituição Federal.

Passaremos a analisar cada uma dessas questões em mais detalhes.

Friedman e o lucro

Economistas vêm debatendo qual a função social e econômica de uma empresa há muito tempo. Entretanto, a resposta mais influente a essa pergunta foi elaborada por Milton Friedman, em um famoso ensaio para o jornal *The New York Times*, em 1970, intitulado *The Social Responsibility of Business is to Increase Profits*.[35]

Concordando ou não com suas ideias, é inegável que Milton Friedman foi um economista altamente influente, que desempenhou um papel fundamental na moldagem do pensamento econômico e político durante o século XX. Ele acreditava firmemente no poder dos mercados livres e da escolha individual, advogando por uma intervenção governamental mínima nos assuntos econômicos. As ideias de Friedman estavam profundamente enraizadas em suas experiências durante a Grande Depressão, que lhe incutiram um ceticismo em relação às intervenções econômicas governamentais.

---

[35] FRIEDMAN, Milton. "A Friedman doctrine – The Social Responsibility of Business Is to Increase Its Profits". The New York Times, 13 set. 1970. Disponível em: https://www.nytimes.com/1970/09/13/archives/a-friedman-doctrine-the-social-responsibility-of-business-is-to.html. Acesso em: ago. 2023.

Entre os seus escritos mais famosos estão *Capitalismo e Liberdade* e *Liberdade de Escolha*, coescritos com sua esposa, Rose Friedman. Estes livros popularizaram suas ideias, levando a um debate mais amplo sobre o papel do governo em questões econômicas.

As visões de Friedman sobre política econômica tiveram um impacto profundo sobre agentes governamentais e políticos. Ele foi um crítico contundente da economia keynesiana, que dominou o pensamento econômico durante a primeira metade do século XX. Em vez disso, ele defendia as ideias do liberalismo clássico e do capitalismo de livre mercado, que passaram a ser comumente conhecidas como neoliberalismo.

Em reconhecimento às suas contribuições para a economia, Friedman foi agraciado com o Prêmio Nobel de Ciências Econômicas em 1976. Seu legado continua a inspirar debates sobre política econômica, intervenção governamental e os princípios de liberdade individual e mercados livres.

Em *The Social Responsibility of Business is to Increase Profits*, Friedman começa expressando seu ceticismo em relação ao conceito de *responsabilidades sociais* atribuídas aos negócios. Ele acredita que as empresas são criadas para cumprir propósitos econômicos específicos, principalmente para gerar lucros para seus acionistas.

Ele argumenta que a ideia de as empresas terem responsabilidades sociais é vagamente definida e carece de rigor. Friedman questiona a própria ideia de as empresas terem responsabilidades, afirmando que apenas indivíduos podem ter responsabilidades. As corporações, como entidades legais, não podem sentir emoções ou ter obrigações morais; a responsabilidade reside nos indivíduos que as gerenciam.

Em um sistema de livre mercado, os executivos corporativos são funcionários dos acionistas, e sua responsabilidade primária é para com os proprietários do negócio. Essa responsabilidade é conduzir os negócios de acordo com os interesses dos acionistas, o que geralmente significa aumentar a lucratividade. No entanto, Friedman reconhece que há casos em que as corporações podem ter um objetivo diferente, como organizações sem fins lucrativos, estabelecidas para causas sociais ou de caridade.

Friedman também argumenta contra confundir as responsabilidades pessoais dos executivos corporativos com as responsabilidades sociais das empresas. Ele reconhece que os indivíduos podem ter responsabilidades sociais que se sentem compelidos a cumprir, como contribuir para a caridade ou se envolver em filantropia. No entanto, essas responsabilidades são distintas de seus papéis como executivos corporativos. Usar recursos da empresa para cumprir responsabilidades sociais pessoais embaralha a linha entre ações individuais e operações comerciais.

O ensaio também aborda o potencial conflito entre as responsabilidades pessoais dos executivos e seus papéis como agentes dos acionistas. Se os executivos corporativos priorizarem causas sociais em detrimento do lucro, podem prejudicar os interesses dos acionistas. Friedman destaca que gastar os recursos da empresa em objetivos sociais é essencialmente uma forma de tributação dos acionistas, clientes ou funcionários.

Além disso, ele argumenta que o conceito de responsabilidade social, conforme defendido por alguns executivos corporativos, mina os fundamentos de um sistema de livre mercado. Ao defender que as empresas se envolvam em projetos sociais, os executivos podem promover, inadvertidamente, uma forma de coletivismo, em que o governo ou outras entidades centrais controlam a alocação de recursos. Friedman enfatiza que a busca por lucros, em si mesma, serve a um propósito social crucial em um sistema de livre mercado: os lucros atuam como sinais, orientando recursos para usos mais produtivos e eficientes, beneficiando a sociedade como um todo. A mão invisível do mercado garante que as empresas, ao buscarem lucros, contribuam para o bem-estar social.

Ao final do ensaio, Friedman discute como o conceito de responsabilidade social pode levar a consequências não desejadas. Ele observa que os executivos corporativos podem se envolver em iniciativas sociais para melhorar a percepção pública ou gerar valor para a empresa. No entanto, ele adverte contra o uso da responsabilidade social como fachada para encobrir ações com outras motivações e defende a transparência e a honestidade na tomada de decisões corporativas.

Em conclusão, o ensaio de Milton Friedman argumenta apaixonadamente que a responsabilidade primária das empresas é maximizar os lucros para seus acionistas dentro do quadro legal e ético. Ele adverte contra o fardo de responsabilidades sociais amplas sobre as empresas, instando que tais responsabilidades devem ser tratadas por indivíduos e pelo governo. As ideias de Friedman têm gerado debates sobre o papel das empresas na sociedade, e seu ensaio continua sendo uma contribuição significativa para o discurso sobre a responsabilidade social corporativa e os fundamentos de um sistema de livre mercado.

A título exemplificativo, o professor Nelson Eizirik, ao comentar o artigo da Lei de Sociedade por Ações, que trata da função social da companhia, argumenta — alinhado ao pensamento de Friedman — que o dever principal do administrador é realizar o objeto social da empresa e maximizar os lucros, mas isso deve ser feito com o menor custo possível para a sociedade, respeitando o direito dos trabalhadores, não poluindo e não praticando qualquer espécie de discriminação na sua política social (ou seja, deveres meramente negativos, apenas cumprindo a lei e nos limites da ética corporativa).[36]

Essa é uma das traduções mais claras das ideias de Friedman para o mundo jurídico. O bem público e a função social, nessa visão, são apenas limitadores do verdadeiro objetivo empresarial, que é a multiplicação do patrimônio social e o lucro. O economista americano também dizia que a lucratividade não poderia ser atingida de forma ilegal ou através de ações eticamente duvidosas. Entretanto, tirando essas limitações, a função a ser perseguida pela empresa deveria ser única e exclusivamente a maximização de seus resultados.

---

36 EIZIRIK, Nelson. *A Lei das S/A Comentada*. Volume III. 3. ed. São Paulo: Quartier Latin, 2021, p. 139.

Schwab e responsabilidade com seus stakeholders

Na mesma época em que o artigo de Friedman foi publicado, uma outra ideia estava nascendo, contrária àquela defendida pelo economista estadunidense, na mente do não menos brilhante economista alemão Klaus Schwab. Em 1973, ele publicou o que ficou conhecido como o *Manifesto de Davos*, no qual argumenta que uma empresa e seus administradores deveriam também servir aos empregados e à sociedade civil, como procuradores (*trustee*) do universo material para futuras gerações.[37]

Klaus Schwab, nascido em 30 de março de 1938, em Ravensburg, Alemanha, é mais conhecido por ser o fundador e presidente executivo do Fórum Econômico Mundial (WEF), uma organização internacional sediada na Suíça, que reúne líderes políticos, empresariais, acadêmicos e de outros setores, de todo o mundo, para discutirem e abordarem questões econômicas e sociais globais. Schwab fundou o WEF em 1971 e desempenhou um papel significativo na definição de sua agenda e iniciativas ao longo dos anos.

Entretanto, ele também é mundialmente conhecido por advogar o conceito de *capitalismo de stakeholder*, que sugere que as empresas devem considerar os interesses de várias partes interessadas (não apenas os acionistas, mas também os funcionários, clientes e a sociedade em geral) em seus processos

---

[37] SCHWAB, Klaus. Davos Manifesto 1973: A Code of Ethics for Business Leaders. Disponível em: https://www.weforum.org/agenda/2019/12/davos-manifesto-1973-a-code-of-ethics-for-business-leaders/. Acesso em: ago. 2023.

decisórios. Recentemente, ele consolidou suas ideias sobre o assunto no livro *Stakeholder Capitalism*, publicado em 2021.

A abordagem central do capitalismo de *stakeholders*, segundo Klaus, é um tipo de sistema econômico no qual as empresas busquem criar valor a longo prazo, considerando as necessidades de todas as partes interessadas no negócio (como empregados, consumidores e fornecedores) e da sociedade como um todo — ao invés de apenas priorizarem lucros de curto prazo para os acionistas.

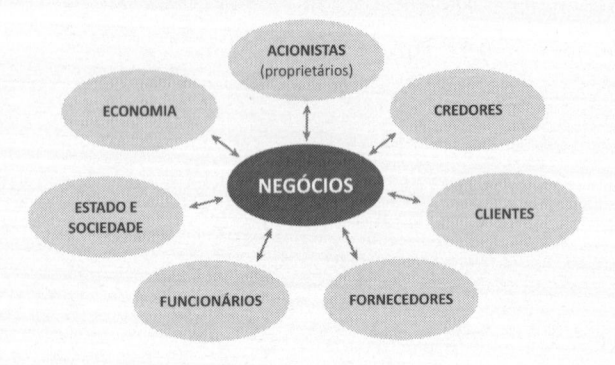

```
                    ACIONISTAS
                  (proprietários)
      ECONOMIA                    CREDORES

                    NEGÓCIOS
      ESTADO E                    CLIENTES
      SOCIEDADE

              FUNCIONÁRIOS   FORNECEDORES
```

Fonte: SCHWAB, Klaus; VANHAM, Peter. *Stakeholder Capitalism*. New Jersey: Wiley, 2021.

Após a Segunda Guerra Mundial, em países ocidentais, ficou evidente que o sucesso de indivíduos ou entidades dependia do bem-estar de toda a comunidade e economia. As empresas estavam intimamente ligadas às suas comunidades locais. Nos anos seguintes, o conceito de capitalismo de *stakeholders*[38]

---

38 Nessa época, o termo ainda não havia sido tão bem formulado, mas culminou nas ideias do *Manifesto de Davos*, em 1973, e no livro *Modern Company Management in Mechanical Engineering*, de 1971, em que Klaus Schwab elaborou, de forma mais clara, pela primeira vez, suas ideias sobre o tema.

ganhou destaque nas democracias sociais da Europa do Norte e Ocidental, incluindo países como Suécia, Dinamarca, Finlândia, Holanda, Bélgica e Alemanha. Essa abordagem levou a negociações coletivas, envolvendo empresas, funcionários e governo, e contribuiu para os Estados de bem-estar social, onde empresas e funcionários pagavam impostos para apoiar educação, saúde e seguridade social.[39]

A partir dos anos 1980, entretanto, as ideias de Friedman passaram a ganhar força nas economias capitalistas, principalmente dentro do conceito econômico que passou a ser chamado de neoliberalismo.[40] Segundo essa doutrina, o Banco Central deveria focar o controle da oferta de dinheiro, para garantir um crescimento econômico estável e baixa inflação. Além disso, os economistas ligados a essa corrente acreditavam fortemente no poder dos mercados livres para alocar recursos de forma eficiente e promover a liberdade individual. Argumentavam que a intervenção governamental nos mercados frequentemente levava a ineficiências e consequências não planejadas. Também defendiam a redução das regulamentações governamentais sobre os negócios, acreditando que isso estimularia a competição, a inovação e o crescimento econômico. Finalmente, apoiavam a privatização de certas indústrias e serviços estatais, acreditando que a propriedade privada levaria a uma maior eficiência e melhores resultados.

As ideias de Friedman tiveram um impacto significativo nas políticas econômicas ao redor do mundo, influenciando

---

39 SCHWAB, Klaus; VANHAM, Peter. *Stakeholder Capitalism*. New Jersey: Wiley, 2021, p. 174.
40 Ibidem, p. 14.

governos e formuladores de políticas a adotarem abordagens neoliberais em áreas como política fiscal, política monetária, comércio e desregulamentação. O governo de Ronald Reagan, nos EUA, e de Margaret Thatcher, no Reino Unido, foram os grandes representantes dessa corrente de pensamento econômico. Um dos principais alvos de suas políticas foram os sindicatos. Ambos os líderes implementaram políticas que visavam limitar o poder e a influência dos sindicatos em seus respectivos países.

O governo de Thatcher introduziu uma série de leis, na década de 1980, com o objetivo de limitar o poder dos sindicatos trabalhistas. A mais notável delas foi a Lei dos Sindicatos de 1984 (*1984 Trade Union Act*), que impôs regulamentações mais rígidas sobre greves e dificultou sua organização e realização pelos sindicatos. Um dos confrontos mais significativos entre Thatcher e os sindicatos foi a greve dos mineiros de 1984-1985. Thatcher buscou reduzir o poder dos sindicatos de mineiros, levando a uma greve que durou um ano e resultou no enfraquecimento significativo daquele sindicato.

Nos EUA, uma das primeiras e mais significativas ações de Reagan, em relação aos sindicatos, foi sua resposta à greve da Organização Profissional de Controladores de Tráfego Aéreo (PATCO) em 1981. Reagan demitiu mais de onze mil controladores de tráfego aéreo em greve, o que teve um forte impacto nas relações trabalhistas e sinalizou sua postura em relação às ações sindicais.

Klaus argumenta que os dois modelos de capitalismo que temos hoje — o capitalismo de acionistas (*shareholder capitalism*), no estilo de Friedman, e o capitalismo de Estado, no modelo chinês[41] —, apesar de terem trazido avanços econômicos inegáveis nos países em que foram implementados, não foram capazes de resolver os dois maiores problemas que enfrentamos: a degradação do meio ambiente e a desigualdade social crescente.

Em particular, a partir de 2007, até a economia global acentuou a sua curva descendente, que já vinha desde a década de 1960. Dessa forma, chegou o momento de repensarmos o sistema capitalista, para que ele possa enfrentar os desafios na nossa era.[42]

Hoje, Klaus acredita que o conceito de *stakeholders* está ressurgindo em uma forma mais abrangente. À medida que enfrentamos várias crises, torna-se claro que considerar mais do que apenas o interesse próprio de curto prazo seja crucial para toda a sociedade.

A versão moderna do *capitalismo de stakeholders* reconhece a interconectividade global das economias, sociedades e do meio ambiente com a saúde do planeta e o bem-estar das pessoas. Essa interconexão significa que as decisões tomadas por qualquer *stakeholder*, agora, impactam o planeta e as pessoas em todo o mundo. Nesse contexto, Klaus Schwab nos diz que governos, sociedade civil, empresas e

---

41 O capitalismo de Estado no estilo chinês refere-se a um sistema econômico em que o Estado desempenha um papel central na gestão e direção da economia, enquanto ainda mantém a propriedade estatal de setores estratégicos e empresas-chave. Na China, o governo controla e influencia ativamente as políticas econômicas, os investimentos e as operações de muitas empresas, mesmo que operem em um ambiente de mercado. Esse modelo combina elementos de planejamento centralizado com características de mercado, permitindo que o Estado promova o crescimento econômico, a inovação e a expansão global das empresas chinesas, ao mesmo tempo que mantém um controle considerável sobre a economia e a sociedade.

42 SCHWAB, Klaus; VANHAM, Peter, op. cit., p. 171.

comunidade internacional têm papéis importantes a desempenhar: governos buscam prosperidade; a sociedade civil acrescenta propósito; empresas visam excedente econômico e a comunidade internacional busca a paz.[43]

Essa abordagem contrasta com focos mais estreitos, como a primazia do acionista e a busca pela maximização de resultados de curto prazo, pois prioriza o bem-estar mais amplo da humanidade e do meio ambiente.

Esse modelo tem, como base, dois princípios fundamentais: o primeiro seria a subsidiariedade, ou seja, as decisões devem ser tomadas no nível mais granular, perto das pessoas que serão mais afetadas por elas. O segundo princípio é o da criação e distribuição de valor, e parte, parcialmente, de ideias defendidas pela economista Mariana Mazzucato, principalmente em seu livro *The Value of Everything*. Segundo ela, valor não é criado apenas pelas empresas, mas também por educadores, cientistas, atores culturais, governo e, principalmente, pela natureza. Dessa forma, devemos dar poder de decisão para todas as partes interessadas, determinando o valor criado por cada uma de forma apropriada, dividindo o resultado final da atividade econômica de forma a compensar a contribuição de todos.[44]

É importante observar que, assim como as ideias de Friedman são altamente controversas, as opiniões sobre Klaus

---

43 SCHWAB, Klaus; VANHAM, Peter, op. cit., p. 176 et seq.
44 SCHWAB, Klaus; VANHAM, Peter, op. cit., p. 181 et seq. Em 2020, Klaus Schwab elaborou um novo *Manifesto de Davos*, que descreve o seguinte propósito universal para uma empresa na quarta revolução industrial: "Engajar todas as partes interessadas (*stakeholders*) na criação de valores sustentáveis e comuns (*shared*)" (em tradução livre).

Schwab e o Fórum Econômico Mundial também variam amplamente. Algumas pessoas elogiam seus esforços para promover o diálogo e a colaboração entre diferentes setores; enquanto outras criticam a concentração de poder e influência nas mãos de um grupo seleto de elites globais.

Nitidamente, o debate entre Friedman e Schwab expõe duas escalas de valores bem diferentes. Adotar uma, em detrimento da outra, significa defender uma noção muito distinta de função social para a empresa.

Função social na lei brasileira

Precisamos lembrar que a função social de uma empresa não é um problema meramente teórico. Ele está positivado no nosso ordenamento jurídico. O parágrafo único do artigo 116 da Lei das Sociedades por Ações determina que o acionista controlador

> deve usar o poder com o fim de fazer a companhia realizar o seu objeto e cumprir sua função social, e tem deveres e responsabilidades para com os demais acionistas da empresa, os que nela trabalham e para com a comunidade em que atua, cujos direitos e interesses deve lealmente respeitar e atender. (Brasil, 1976).

Nessa mesma linha, o artigo 154 da mesma lei diz que o

> administrador deve exercer as atribuições que a lei e o estatuto lhe conferem para lograr os fins e no interesse

da companhia, satisfeitas as exigências do bem público e da função social da empresa. (Brasil, 1976).

O problema é que os artigos legais acima mencionados apenas preveem o cumprimento da função social, mas não definem o seu conteúdo.[45]

A nossa Constituição estabeleceu, no Título VII, as regras atinentes à Ordem Econômica e Financeira[46] que devem vigorar em nosso país. No capítulo I, ela traz os princípios que devem reger a atividade econômica de uma forma geral. Assim, diz o art. 170 da Constituição Federal que a ordem econômica no Brasil deve ser "fundada na valorização do trabalho humano e na livre iniciativa, tem

---

[45] Aqui cabe uma breve explicação histórica sobre a razão pela qual essa responsabilidade recaiu tanto sobre o administrador como sobre o acionista controlador. A criação da sociedade por ações talvez tenha sido um dos instrumentos mais importantes para o desenvolvimento do capitalismo. Ela possibilitou o desenvolvimento de empreendimentos de larga escala, que a microempresa não era capaz de implementar. Isso foi possível, principalmente, por mecanismos que permitiam a captação de recursos da poupança coletiva da sociedade, mediante o lançamento de títulos e valores mobiliários (em particular, a ação), e, assim, permitiam socializar os investimentos e os riscos a eles associados. Isso naturalmente gerou uma fragmentação muito grande na composição do capital da companhia. Com isso, a noção de controle teve de deixar de ser quantitativa, ligada à propriedade dos títulos do capital social, para passar a ser qualitativa, ligada ao poder efetivo de direção dos negócios da empesa. É nesse sentido que a Lei de Sociedade por Ações determina que o controlador não é aquele que é proprietário de ações que representam mais de 50% do capital social, mas sim aquele que "(a) é titular de direitos de sócio que lhe assegurem, de modo permanente, a maioria dos votos nas deliberações da assembleia-geral e o poder de eleger a maioria dos administradores da companhia; e (b) <u>usa efetivamente seu poder para dirigir as atividades sociais e orientar o funcionamento dos órgãos da companhia</u>" (FRAZÃO, Ana. *Função Social da Empresa: repercussões sobre a responsabilidade civil de controladores e administradores de S/As*. Rio de Janeiro: Renovar, 2011, p. 71 et seq., grifo nosso). Se gestão e controle estão associados, ainda que em graus distintos, é natural que a responsabilidade pelos danos decorrentes deva recair tanto sobre o administrador como sobre o acionista controlador, assegurando assim a boa gestão da companhia.

[46] Segundo o professor Eros Roberto Grau, a Ordem Econômica (mundo do dever-ser) pode ser definida, mas sem grande utilidade, como "conjunto de normas, da Constituição dirigente, voltado à conformação da ordem econômica (mundo do ser)" (GRAU, Eros Roberto. *A ordem Econômica na Constituição de 1988*. São Paulo: Malheiros Editores, 2023, p. 81).

por fim assegurar a todos existência digna, conforme os ditames da justiça social".⁴⁷

Além disso, a Carta Magna elenca onze princípios que são aplicáveis à Ordem Econômica. Entre eles, vale destacar a defesa do consumidor, a defesa do meio ambiente, a redução das desigualdades sociais e a busca do pleno emprego. A defesa do consumidor não é somente um princípio da ordem econômica, mas um direito fundamental, protegido pelo art. 5º, XXXIII da Constituição. Isso significa que, respeitando-se o direito de livre concorrência entre as empresas, o consumidor está no centro dessa relação e é em seu benefício que devem se voltar todas as disputas entre os agentes econômicos. A atividade empresarial não deve só não lesar o consumidor, mas ter, com ele, uma relação de boa-fé ativa, como o dever de informá-lo, de ser leal a ele e de protegê-lo.⁴⁸

A proteção ao meio ambiente também goza de amplo amparo na nossa Carta Magna, e isso está previsto no seu art. 225; art. 5º, LXXIII; art. 23, VI e VII; art. 24, VI e VIII; art. 129, III; art. 174, parágrafo 3º; art. 200, VIII e art. 216, V. A Constituição sujeita qualquer atividade econômica a, do lado positivo, atuar de forma equilibrada e diligente com os recursos naturais afetados por ela e, do lado negativo, a não poluir nem prejudicar de forma alguma a fauna e a flora nacionais.

---

47 "Art. 170. A ordem econômica, fundada na valorização do trabalho humano e na livre iniciativa, tem por fim assegurar a todos existência digna, conforme os ditames da justiça social, observados os seguintes princípios: [...] V – a defesa do consumidor; VI – defesa do meio ambiente, inclusive mediante tratamento diferenciado conforme o impacto ambiental dos produtos e serviços e de seus processos de elaboração e prestação; VII – redução das desigualdades regionais e sociais; VIII – busca do pleno emprego; [...]".

48 TOMASEVICIUS FILHO, Eduardo, op. cit., p. 42.

A redução da desigualdade social está ancorada como objetivo fundamental da República Federativa do Brasil, no art. 3º da Constituição Federal: "Erradicar a pobreza e a marginalização e reduzir as desigualdades sociais e regionais." (Brasil, 1988). A empresa deve ajudar a atingir esse propósito, gerando empregos e desenvolvendo economicamente a comunidade na qual atua.

Finalmente, o pleno emprego (de influência claramente keynesiana) é uma diretriz voltada aos meios de produção, no sentido de promover, nas palavras do professor Eros Grau, "a expansão das oportunidades de emprego produtivo".[49]

O destinatário desse tipo de norma constitucional não é, obviamente, o Estado, mas a empresa, principal agente da Ordem Econômica.[50]

Em suma, os princípios servem para que o poder público compartilhe aqueles que são objetivos essenciais de um Estado Democrático de Direito com os agentes econômicos, imputando-lhes responsabilidade pelo cumprimento dessas funções, juntamente com o Estado. Aqui, o Estado reconhece que não consegue cumprir todas essas funções por conta própria e divide essa missão com a sociedade, em particular com aqueles que têm maior possibilidade de ajudá-lo, ou seja, o empresário individual ou coletivo. Nesse sentido, aqui não temos mais a separação clássica entre o espaço público e o privado — mas um espaço social, onde convergem os interesses comuns dos povos.[51]

---

49 Op. cit, p. 119. Essa expressão constava na antiga Constituição Federal de 1967/69.
50 COMPARATO, op. cit, p. 7.
51 Ibidem, p. 8.

Assim, há, pelo menos, dois grandes valores implícitos, a nosso ver, nesse artigo da Constituição. Primeiro, é a importância da atividade econômica e da livre iniciativa[52] na vida social. A empresa, hoje, tem um papel central na nossa sociedade. Do ponto de vista puramente econômico, ela é a entidade mais relevante para a geração de riqueza de uma nação, produzindo bens e serviços para o consumo, gerando emprego e renda para os trabalhadores; lucro, para os acionistas; e o pagamento de tributos, para o Estado. Do ponto de vista social, a empresa é um núcleo aglutinador, ao redor do qual gravitam não somente indivíduos isolados, mas toda uma coletividade que é afetada pelas suas atividades.[53]

Obviamente, o desenvolvimento da atividade privada tem, como pressuposto necessário, a perseguição do lucro pela empresa. Uma empresa que não gera lucro provavelmente não prosperará, e a preservação da empresa é um dos grandes princípios de todo o nosso direito empresarial (inclusive nas regras falimentares brasileiras). Nesse sentido, o art. 47 da Lei 11.101, de 9 de fevereiro de 2005 (também conhecida com a Lei de Falências), diz expressamente que

---

52 Segundo André Luiz Mattos de Oliveira: "O princípio da livra-iniciativa descrito na ordem econômica da Constituição Federal de 1988 e tradicionalmente identificado como a 'liberdade de comércio e indústria' também é conhecido como o princípio da liberdade econômica ou princípio da liberdade de iniciativa econômica, cujo titular é a empresa" (OLIVEIRA, André Luiz Mattos de. *A Função Social da Empresa em Face dos Princípios Constitucionais da Ordem Econômica*. Leme: Mizuno, 2023, p. 34). Ele que permite o livre ingresso e permanência no mercado.

53 Nas palavras do professor Fábio Konder Comparato: "Se se quiser indicar uma instituição social que, pela sua influência, dinamismo e poder de transformação, sirva de elemento explicativo e definidor da civilização contemporânea, a escolha é indubitável: essa instituição é a empresa" (COMPARATO, Fábio Konder. A reforma da empresa. *In*: *Direito Empresarial*: Estudos e Pareceres. São Paulo: Saraiva, 1995, p. 3).

A recuperação judicial tem por objetivo viabilizar a superação da situação de crise econômico-financeira do devedor, a fim de permitir a manutenção da fonte produtora, do emprego dos trabalhadores e dos interesses dos credores, promovendo, assim, a preservação da empresa, sua função social e o estímulo à atividade econômica. (Brasil, 2005).

Em outras palavras, a função do processo de recuperação judicial não é somente ajudar a empresa a superar um momento de crise financeira, mas reestabelecer a possibilidade de ela voltar a cumprir sua função social para com todas as partes interessadas em suas atividades. Nesse sentido, a boa gestão financeira da empresa, com a geração de resultados positivos, é, de uma certa forma, uma das funções sociais que o administrador deve cumprir.

Entretanto — e aí está o segundo valor implícito no art. 170, em um Estado Democrático de Direito —, os direitos individuais do empresário devem ser limitados pelo interesse social. Assim, se o parágrafo único desse artigo garante a todos o direito à livre iniciativa, assegurando o livre exercício de qualquer atividade econômica, independentemente de autorização do Estado (salvo nos casos previstos em lei), o caput diz que essa atividade deve ser pautada pela valorização do trabalho humano e deve assegurar a todos uma existência digna. Em outras palavras, a livre iniciativa é uma liberdade meio ou condicionada à realização dos fundamentos e princípios constitucionais da Ordem Econômica.[54]

---

54 COMPARATO, Fábio Konder, op. cit., p.7.

Aqui, é bastante esclarecedor o voto do ministro Moreira Alves, relator do processo ADI-QO 319, no Supremo Tribunal Federal (STF), em um julgamento sobre a constitucionalidade da Lei n. 8.039/90, que estabelecia critérios cogentes de reajuste de mensalidade escolares:

> Portanto, embora um dos fundamentos da ordem econômica seja a livre iniciativa, visa aquela assegurar a todos existência digna, em conformidade com os ditames da justiça social, observando-se os princípios enumerados nos sete incisos deste artigo. Ora, sendo a justiça social a justiça distributiva — e por isso mesmo é que se chega à finalidade da ordem econômica (assegurar a todos uma existência digna) por meio dos ditames dela — e havendo a possibilidade de incompatibilidade entre alguns dos princípios constantes dos incisos desse artigo 170, se tomados em sentido absoluto, mister se faz, evidentemente, que se lhes dê sentido relativo para que se possibilite a sua conciliação a fim de que, em conformidade com os ditames da justiça distributiva, se assegure a todos — e, portanto, aos elementos de produção e distribuição de bens e serviços e aos elementos comuns deles — existência digna.[55]

É com base nesses dois grandes valores que devemos entender o conceito de função social[56] da empresa, em nosso

---

55 FRAZÃO, op. cit., pp. 201-202.
56 Como ensina o professor Comparato, "função, no sentido em que é empregado o termo nesta matéria, significa um poder, mais especificamente, o poder de dar ao objeto da propriedade destino determinado, de vinculá-lo a certo objetivo. O adjetivo *social* mostra que esse objetivo corresponde

ordenamento jurídico. Em primeiro lugar, ela orienta a ação humana para a prática de atos que visem o bem-estar coletivo.[57] Assim, de uma certa forma, ela sobrepõe ao interesse individual os interesses da sociedade. Em outras palavras, cumprir uma função social é atingir um objetivo que seja útil e benéfico para a sociedade com um todo, e não só para a pessoa sobre a qual recai essa obrigação. No caso específico da função social da empresa, ela deve, nos termos do caput do art. 170 da Constituição Federal, visar a valorização do trabalho humano e assegurar a todos uma existência digna, observando as regras da justiça social. *Todos*, aqui, deve ser entendido como todo sujeito que é afetado por uma atividade empresarial específica: sócios, empregados, consumidores e comunidade na qual a empresa está inserida. Nesse sentido, a nosso ver, a Constituição positiva a visão de *stakeholders* como fundamental para o entendimento da função social da empresa.

Essa função tem aspectos negativos, ligados, principalmente, ao princípio do *neminem laedere*.[58] Nesse sentido, uma empresa não deve poluir o meio ambiente,[59] discri-

---

ao interesse coletivo" (COMPARATO, op. cit., p. 32). A noção de funcionalidade, no direito, foi desenvolvida ao longo do século XIX, na esteira do Estado do Social, como um delimitador do direito subjetivo em geral, mas do direito de propriedade em particular. Assim, esses direitos não estariam reduzidos aos interesses individuais de seus titulares, mas conteriam também uma função social (FRAZÃO, op. cit., p. 102).

57 PEREIRA, Henrique Viana; MAGALHÃES, Rodrigo Almeida. *Princípios Constitucionais do Direito Empresarial*: a Função Social da Empresa. Curitiba: CRV, 2011, p. 53.

58 O princípio do *"neminem laedere"* é uma expressão latina que significa "não prejudicar ninguém" ou "não lesar ninguém", em português. Esse princípio é uma parte fundamental da ética e do direito e implica que as pessoas têm a obrigação de evitar causar dano, prejuízo ou lesões a outros. Em outras palavras, ele enfatiza a importância de respeitar a integridade física, moral e legal dos outros.

59 No esclarecedor voto do ministro Celso de Mello, relator da ADI 3540: "A atividade econômica não pode ser exercida em desarmonia com os princípios destinados a tornar efetiva a proteção

minar pessoas ou lesar o consumidor. Também está ligada à vedação ao abuso de direito. Nesse sentido, a função social serve como um balizador, para determinar em que circunstância o titular agiu com abuso. Essa determinação não inclui, portanto, apenas as situações nas quais o agente agiu intencionalmente com a finalidade de abusar, mas também quando há desvio de finalidades sociais ou econômicas que justificam a tutela desse direito.[60] Por outro lado, ela também tem aspectos positivos e ativos, obrigando seu titular a se comprometer proativamente com o atendimento do interesse social.[61]

Como vimos, o cumprimento dessa função não deve ser feito à custa da sobrevivência da própria empresa, o que seria um contrassenso. Ela deve buscar esse objetivo da forma menos onerosa para o empresário, observando critérios de razoabilidade, proporcionalidade e ponderação, conciliando

---

ao meio ambiente. A incolumidade do meio ambiente não pode ser comprometida por interesses empresariais nem ficar dependente de motivações de índole meramente econômica, ainda mais se tiver presente que a atividade econômica, considerada a disciplina constitucional que a rege, está subordinada, dentre outros princípios gerais, àquele que privilegia a 'defesa do meio ambiente' (CF, art. 170, VI), que traduz conceito amplo e abrangente das noções de meio ambiente natural, de meio ambiente cultural, de meio ambiente artificial (espaço urbano) e de meio ambiente laboral. Doutrina. Os instrumentos jurídicos de caráter legal e de natureza constitucional objetivam viabilizar a tutela efetiva do meio ambiente, para que não se alterem as propriedades e os atributos que lhe são inerentes, o que provocaria inaceitável comprometimento da saúde, segurança, cultura, trabalho e bem-estar da população, além de causar graves danos ecológicos ao patrimônio ambiental, considerado este em seu aspecto físico ou natural".

60 FRAZÃO, op. cit., p. 106. No mesmo sentido, o Código Civil diz, no seu art. 50: "Em caso de abuso da personalidade jurídica, caracterizado pelo desvio de finalidade ou pela confusão patrimonial, pode o juiz, a requerimento da parte, ou do Ministério Público quando lhe couber intervir no processo, desconsiderá-la para que os efeitos de certas e determinadas relações de obrigações sejam estendidos aos bens particulares de administradores ou de sócios da pessoa jurídica beneficiados direta ou indiretamente pelo abuso" (grifo nosso). Ainda no mesmo sentido, o art. 117 da Lei de Sociedade por Ações diz: "O acionista controlador responde pelos danos causados por atos praticados com abuso de poder".

61 FRAZÃO, op. cit., p. 104.

a obtenção de lucro com o exercício da sua função social.[62] Segundo um ditado que se tornou lugar comum no mundo dos negócios, é possível "*do good and do well*", ou seja, fazer o bem e ainda obter lucro com isso.

Levando-se em consideração que os consumidores de hoje estão muito mais preocupados com o impacto socioambiental da atividade econômica, ações de empresas que gerem um impacto positivo, combinadas com ações eficientes de publicidade, podem se reverter em um aumento de receita, seja cobrando um valor maior por um produto sustentável, seja ampliando a sua fatia de mercado, atraindo consumidores que desejam adquirir bens de consumo que estejam ligados a uma atividade de impacto positivo na sociedade e/ou no meio ambiente.

Então, fica clara a ligação entre a função social da empresa e as ações ESG. Com base nos princípios que regem a nossa ordem econômica, a atividade empresarial deve buscar a preservação ambiental (o E do acrônimo), proteger o consumidor e buscar o pleno emprego (políticas ligadas ao S) e reduzir as desigualdades sociais, como as diferenças no mercado de trabalho entre homens e mulheres (medidas voltadas ao G). Mais do que uma liberalidade, essas ações, consideradas como princípios constitucionais, têm caráter obrigatório em nosso ordenamento, imposto tanto ao acionista controlador quanto ao administrador da sociedade por ações. O acionista deve usar o seu poder de controle para fazer com que a companhia cumpra sua função social

---

62 PEREIRA; MAGALHÃES, op. cit., p. 64.

(poder-dever [63] do acionista controlador), e o administrador deve implementar esse objetivo no dia a dia da sociedade. Implementar políticas ESG é, portanto, fazer com que a empresa cumpra a sua função social.

---

63 *Poder*, aqui, tem o sentido de direito subjetivo, ou seja, uma faculdade conferida ao sujeito pelo ordenamento jurídico. Já *dever* tem o sentido de obrigação, que prescinde do auferimento de uma vantagem ao indivíduo. Em outras palavras, a função social seria "o exercício de um direito subjetivo, de tal modo que se atenda ao interesse público, não apenas no sentido de não impor restrições ao exercício desse direito, mas também no sentido de acarretar uma vantagem positiva e concreta para a sociedade". Nesse sentido, a "função social da empresa constitui o poder-dever de o empresário e os administradores da empresa harmonizarem as atividades da empresa, segundo o interesse da sociedade, mediante a obediência de determinados deveres positivos e negativos" (TOMASEVICIUS FILHO, op. cit., p. 37 et seq., grifo nosso).

DEVERES E RESPONSABILIDADE DOS ADMINISTRADORES

Emmanuel Faber é uma figura destacada no mundo dos negócios, sendo mais reconhecido por suas significativas contribuições na Danone, uma multinacional do ramo de produtos alimentícios. Como empresário francês, iniciou sua trajetória na Danone em 1997 e assumiu diversos cargos de grande importância na empresa. Faber desempenhou um papel fundamental na expansão da presença global da empresa, especialmente no segmento de produtos alimentícios sustentáveis e saudáveis.

Durante sua gestão como CEO da Danone, Emmanuel Faber desempenhou um papel crucial na promoção do compromisso da empresa com responsabilidade social e ambiental. Ele foi um defensor de iniciativas destinadas a abordar questões como a mudança climática e a desigualdade, advogando por uma abordagem mais abrangente na governança corporativa. Sob sua liderança, a Danone adotou a visão *"One Planet. One Health"*, com foco na conexão entre o bem-estar das pessoas e o planeta. Essa perspectiva tornou a empresa pioneira no mundo corporativo, pela ênfase na sustentabilidade e em práticas empresariais responsáveis.

Entretanto, o período de Faber na Danone não esteve isento de desafios: em 2021, ele enfrentou uma crescente pressão dos acionistas insatisfeitos com o desempenho financeiro da empresa. Em uma decisão que surpreendeu muitos, Emmanuel Faber foi destituído do cargo de CEO e presidente em março de 2021. A decisão para a mudança na liderança foi motivada por preocupações com o desempenho das ações da empresa e a necessidade de focar metas financeiras de curto prazo. Apesar de seu compromisso com causas sociais e ambientais, o conselho da empresa acreditava ser necessário aplacar os anseios dos acionistas e restaurar a estabilidade financeira da empresa.

Em última análise, o período de Emmanuel Faber foi marcado por sua dedicação à sustentabilidade e por sua visão ambiciosa de um mundo corporativo mais responsável e ético. Embora sua saída da empresa tenha sido controversa, seu impacto na reformulação da identidade e do compromisso da Danone com causas sociais e ambientais continua sendo uma parte significativa de seu legado. Além disso, Faber segue contribuindo no campo da sustentabilidade e das práticas comerciais responsáveis, como evidencia seu papel de liderança no *International Sustainability Standards Board* (ISSB), influenciando positivamente o cenário global.

A história de Faber mostra como a responsabilidade dos administradores na gestão da empresa, pendulando entre lucratividade (com foco nos acionistas) e sustentabilidade (com foco nos *stakeholoders*) é altamente complexa.

Quando falamos de administradores de uma sociedade, precisamos lembrar que há, pelo menos, três níveis de regras. Primeiro, das sociedades limitadas, regidas pelas regras do art. 1052 e seguintes do Código Civil. Segundo, pelas sociedades anônimas, regidas pela Lei das Sociedades por Ações. Finalmente, para sociedades anônimas de capital aberto, que são adicionalmente reguladas por normas editadas pela Comissão de Valores Mobiliários (CVM), além de regras da B3 S.A. — Brasil, Bolsa, Balcão (B3) — e outras entidades do mercado, como a Associação Brasileira das Entidades dos Mercados Financeiro e de Capitais (ANBIMA).

As regras aplicáveis às sociedades anônimas são mais complexas do que as regras de uma sociedade limitada, e as regras de uma sociedade anônima de capital aberto são mais complexas que as de uma de capital fechado. Quando analisarmos os deveres e responsabilidades específicos dos administradores de empresa, vamos nos referir às regras da Lei das Sociedades por Ações e, em muitos casos, à regulamentação e jurisprudência sobre o assunto da CVM.

Entretanto antes de entrarmos na análise das responsabilidades e dos deveres dos administradores na Lei de Sociedade por Ações, falaremos brevemente sobre os administradores de sociedades limitadas.

Pela estrutura que temos hoje, no nosso Código Civil, as sociedades limitadas estão incluídas no Título II (Da Sociedade), Subtítulo II (Da Sociedade Personificada), cujo modelo principal é a sociedade simples (Capítulo I). A limitada está regulada no Capítulo IV deste Subtítulo, e, nos termos do art. 1053, nas omissões de regras específicas do Capítulo, aplicam-se a ela as normas da sociedade simples.

Nesse sentido, o nosso Código segue a tradição de conferir ao administrador da sociedade limitada a natureza jurídica de mandatário dos sócios (alinhada a uma corrente de pensamento importante do direito norte-americano, que vê o administrador como um *agent* dos investidores).[64]

---

[64] Segundo Easterbrook e Fischel: *"In other words, the corporate contract makes managers the agent of the equity investor but does not specify the agents' duties. To make such an arrangement*

Assim, o parágrafo segundo do art. 1011 do Código Civil, que trata da administração das sociedades simples, diz que "aplicam-se à atividade dos administradores, no que couber, as disposições concernentes ao mandato" (Brasil, 2002). Precisamos lembrar aqui que, nos termos do art. 667 do Código Civil, o mandatário é obrigado a empregar "toda sua diligência habitual na execução do mandato, e a indenizar qualquer prejuízo causado por culpa sua ou daquele a quem substabelecer, sem autorização, poderes que devia exercer pessoalmente" (Brasil, 2002). Mas vamos falar, mais para a frente, sobre o dever de diligência do administrador.

A sociedade limitada pode ter uma ou mais pessoas designadas como administradoras, sócio ou terceiro, designado como tal no próprio contrato social ou em documento apartado. Essa foi uma mudança importante trazida pela lei, pois, mesmo se considerarmos limitada uma sociedade de pessoas (e não uma sociedade de capital),[65] no mundo capitalista

---

palatable to investors, managers must pledge their careful and honest services." (EASTERBROOK; FISCHEL. *The Economic Structure of Corporate Law*. Cambridge: First Harvard University Press, 1996, p. 91, grifo nosso). Segundo esses autores, quando alguém administra a riqueza de outra pessoa, como em uma relação de mandato, os interesses do mandante e do mandatário podem não convergir em todos os casos e de forma perfeita. A melhor forma de mitigar esse risco de conflito de interesses é através do que eles chamam de princípio fiduciário, que se materializa principalmente no dever de diligência e lealdade dos administradores: *"The fiduciary principle is an alternative to elaborate promises and extra monitoring. [...] Fiduciary principles contain antitheft directives, constraints on conflict of interest, and other restrictions on the ability of managers to line their own pockets at the expense of investors"* (Ibidem, p. 92).

65   Segundo Lyon-Caen e Renault, "são sociedade de pessoas aquelas em que os sócios se escolhem tendo em consideração as suas qualidades pessoais, o que determina a predominância do *intuito personae* o seu funcionamento e, assim, em princípio a morte de um sócio acarreta-lhe a dissolução e as quotas sociais não são livremente cessíveis; as sociedades de capitais são aquelas em que somente a contribuição do sócio é tomada em conta, de modo que qualquer pessoa delas pode fazer parte, sendo livremente transferíveis as ações que formam o seu capital e não se dissolvendo a sociedade pela morte de um sócio" (citado em ABRÃO, Nelson. *Sociedades Limitadas*. 10. ed., São Paulo: Saraiva, 2012, p. 59).

moderno não há mais como justificar que a administração da empresa não possa ser delegada a um profissional do ramo, com maior competência técnica que os sócios investidores. Em muitos casos, mesmo sociedades limitadas desenvolvem atividades comerciais altamente complexas, que necessitam de especialistas na sua gestão.

Essa mudança de uma estrutura de gestão "familiar" das sociedades limitadas (na qual um ou alguns dos sócios administravam a própria empresa) para uma estrutura profissional acabou criando um potencial conflito entre os interesses dos sócios investidores e os dos administradores contratados.

A lei brasileira encontrou duas outras formas de endereçar essa questão. A primeira foi a necessidade de quórum qualificado de 2/3 dos sócios para se eleger um administrador não sócio, enquanto o capital não estiver integralizado, pois, nesse período, os sócios respondem solidariamente pela parcela não integralizada do capital. Depois da integralização completa do capital, quando a responsabilidade de cada sócio é restrita ao valor de suas quotas, o quórum passa a ser de maioria simples. Assim, no momento no qual os sócios correm mais risco com relação às obrigações contraídas pela sociedade, a indicação de um administrador que não integra o quadro social se reveste de maior importância e precisa de um quórum qualificado para aprovação.

A segunda solução foi a de criar uma regra mínima para impedir que pessoas com um passado conturbado pudessem assumir a administração da sociedade. Nos termos do parágrafo primeiro do art. 1011 do Código Civil, não podem ser administradores, além das pessoas impedidas por lei especial, os condenados à pena que vede, ainda que temporariamente, o acesso a cargos públicos; ou por crime falimentar, de prevaricação, peita ou suborno, concussão, peculato; ou contra a economia popular, contra o sistema financeiro nacional, contra as normas de defesa da concorrência, contra as relações de consumo, a fé pública ou a propriedade, enquanto perdurarem os efeitos da condenação (Brasil, 2002).

Cria-se, assim, um parâmetro mínimo de conduta para que uma pessoa possa se qualificar como gerente de uma empresa.

Obviamente, no caso de quebra de confiança do administrador da sociedade limitada, com relação aos sócios, estes podem destituí-lo a qualquer momento. O exercício do cargo também pode cessar por decurso do prazo previsto no contrato social ou pela renúncia do administrador (art. 1063, caput e parágrafo terceiro). A substituição do administrador deve ser levada a registro para dar publicidade do ato a terceiros e evitar que negócios sejam concluídos entre pessoas que não têm poderes para representar a sociedade e terceiros de boa-fé, o que pode levar à responsabilização da sociedade, mediante a aplicação da teoria da aparência. Assim, nos termos do parágrafo segundo do art. 1063, "a cessação do exercício do cargo de administrador deve ser averbada no registro competente, mediante requerimento apresentado nos dez dias seguintes ao da ocorrência" (Brasil, 2002). A renúncia também deve ser feita por escrito e levada à averbação e publicação. Somente depois disso ela será válida contra terceiros.

Entretanto, as regras de designação e destituição do administrador só cuidam do início e do final dessa relação. Nesse sentido, a imposição de determinados deveres e responsabilidades acabou tornando-se de vital importância para mitigar os riscos envolvidos durante o período de atividade do administrador na sociedade.

O dever mais importante que o administrador de uma limitada tem é o de diligência. Nos termos do art. 1011 do Código Civil: "O administrador da sociedade deverá ter, no exercício de suas funções, o cuidado e a diligência que todo homem ativo e probo costuma empregar na administração de seus próprios negócios" (Brasil, 2002). Esse artigo é praticamente idêntico ao art. 153 da Lei das Sociedades por Ações.[66] Portanto, todas as considerações sobre o dever de diligência detalhadas adiante, no capítulo a seguir, são, em grande medida, aplicáveis ao administrador de uma sociedade limitada.

Mas como essa questão da responsabilidade dos administradores de sociedade limitada se conecta com políticas de ESG?

Primeiramente, é preciso dizer que, apesar de não haver um conjunto de informações abrangente sobre o assunto — até porque as limitadas não precisam publicar seus balanços[67] —, em geral, esse tipo de sociedade tem, como objeto, negócios de

---

66 "Art. 153. O administrador da companhia deve empregar, no exercício de suas funções, o cuidado e diligência que todo homem ativo e probo costuma empregar na administração dos seus próprios negócios."

67 Recentemente, a 3ª turma do Superior Tribunal de Justiça (STJ) decidiu que nenhum tipo de sociedade limitada, nem aquelas consideradas de grande porte, é obrigada a publicar demonstrações financeiras no Diário Oficial e em jornal de grande circulação, previamente ao arquivamento na Junta Comercial (Recurso Especial nº 1824891 — RJ (2019/0119281-0), Rel. ministro Moura Ribeiro).

menor porte do que os das sociedades anônimas.[68] Portanto, elas envolvem uma estrutura de governança de menor complexidade. A título exemplificativo, apesar de ser legalmente possível, não é comum encontrar sociedade limitadas com conselhos de administração ou conselhos fiscais.

Outra característica relevante é que também é menos comum encontrar sociedades limitadas com uma quantidade grande de cotistas. Do ponto de vista da lei societária, quando temos muitos investidores em um negócio (principalmente quando temos um investidor minoritário que não pertence ao mesmo grupo econômico do controlador), a sociedade anônima oferece um conjunto de institutos jurídicos que protege melhor os interesses das partes (tanto o acionista majoritário como o minoritário), expressos pela previsão legal em acordos de acionistas.

Isso não quer dizer que uma sociedade limitada não deva ter responsabilidade social e se preocupar com questões ambientais (como a sua pegada de carbono) ou sociais (relacionadas aos seus empregados, fornecedores e à comunidade na qual ela está inserida). Significa apenas que a sua capacidade de atuação nessas áreas será, em certa medida, menor do que a de uma sociedade anônima.[69]

---

[68] Obviamente, não estamos falando de empresas brasileiras que são subsidiárias de grandes multinacionais, normalmente organizadas sob a forma de sociedades limitadas. Essas empresas estão ligadas ao mercado de capitais através de suas matrizes no exterior e implementam suas políticas ESG globais.

[69] O professor Fábio Konder Comparato parece relutantemente concordar com essa afirmação, quando diz: "E isto, sem falar no fato óbvio de que, para o exercício de uma atividade de serviço ou assistência social, no âmbito geral da coletividade, somente as grandes empresas oferecem condições estruturais adequadas, de recursos e pessoal empregado" (COMPARATO, Fábio Konder. Estado, empresa e função social. *Revista dos Tribunais*, São Paulo, v. 732, 1996, p. 43).

A questão é que, quando falamos de sociedades anônimas de capital aberto, que estão em interação direta com o mercado e têm o valor de sua ação afetado diretamente pelas políticas que implementa, é mais fácil argumentar que, hoje em dia, os administradores têm o dever de se preocupar com políticas e estratégias ESG.

De um lado, a empresa que atua diligentemente nessa área pode ter uma série de benefícios, como acesso a crédito mais abundante e barato de investidores que desejam alocar recursos em empresas que desenvolvam projetos ambientais e sociais ou que tenham regras de governança justas e transparentes. De outro, empresas cujo negócio gera externalidades negativas podem ver o seu valor de mercado ser impactado negativamente como uma forma de punição dos investidores pela sua "má conduta".

Dada a dinâmica dos mercados de capitais hoje em dia e as expectativas dos investidores, políticas ESG são imprescindíveis para uma estratégia bem-sucedida de uma companhia de capital aberto.

Em uma sociedade limitada isso é mais difícil de acontecer. O Código Civil não estabelece, como no caso da Lei das Sociedades por Ações, obrigações que cotistas e administradores atuem para que a limitada cumpra com sua função social.[70]

Por outro lado, os princípios estabelecidos no art. 170 da Constituição Federal claramente também se aplicam à

---

70 Apesar de esse princípio não estar expresso nas regras societárias do Código Civil, a doutrina entende que, dado o caráter contratual desse tipo societário (ao contrário das sociedades por ações), os princípios de função social do contrato e função social da propriedade se aplicariam nesse caso (PEREIRA; MAGALHÃES, op. cit., p. 59).

sociedade civil, na medida em que a atividade empresarial exercida por ela está inserida dentro da ordem econômica brasileira (como vimos no Capítulo 2).

Além disso, ao aplicar subsidiariamente as regras do mandato ao administrador da limitada, o legislador parece ter se filiado à teoria contratualista da relação de gestão. Segundo essa teoria, o administrador deveria sempre e exclusivamente atender aos interesses dos sócios, com os quais teria um vínculo obrigacional contratual. Para ser mais exato, a teoria contratualista pregava que o interesse social coincidia completamente com o interesse dos sócios. Nesse sentido, os bens de produção deveriam ser usados exclusivamente em proveito deles.[71]

Ainda assim, no nosso entendimento, dada a crescente separação entre investidor e gestor nas sociedades limitadas, é possível argumentar que um homem ativo e probo empregaria, no seu próprio negócio, políticas e estratégias que não prejudicariam o ecossistema no qual ele opera e que manteriam relações justas e saudáveis com seus trabalhadores, fornecedores e comunidade.

Como argumentou Klaus Schwab, o propósito de uma empresa (e, nesse sentido, acho que ele não faz distinção de tamanho ou tipo societário) é engajar todas as partes envolvidas (*stakeholders*) na criação de valores sustentáveis e compartilhados. No que diz respeito, por exemplo, à redução

---

[71] FRAZÃO, op. cit., p. 63 et seq. Como veremos, a criação da sociedade anônima mudou esse panorama e a relação de gestão, ali, não se funda sobre a teoria contratualista — mas sobre a ótica do institucionalismo.

de desigualdades e busca do pleno emprego, a microempresa cumpre um papel fundamental no nosso país, sendo responsável por 60% a 70% dos postos de trabalho.[72]

Em resumo, não há, no nosso entendimento, impedimento legal para que os administradores de sociedades limitadas implementem políticas de sustentabilidade nas empresas, observados os critérios de razoabilidade e proporcionalidade às atividades desenvolvidas. Ao contrário, dentro do panorama contemporâneo, configura-se como uma boa prática, condizendo com os deveres e as responsabilidades que o gestor da empresa deve ter.

Como vimos acima, muitas sociedades limitadas brasileiras aderiram ao Pacto Global da ONU e estão comprometidas a implementar as dez diretivas estabelecidas pela iniciativa. Esses princípios giram em torno de cinco grandes temas. Dois princípios estão ligados a questões de direitos humanos (apoiar a proteção de direitos humanos internacionalmente aceitos e não ser cúmplice de abusos desses direitos). Quatro princípios estão ligados a relações de trabalho (respeitar o direito de associação, eliminar o trabalho forçado, infantil e a discriminação). Três deles se relacionam com o meio ambiente (apoiar ações que endereçam desafios ambientais, promover uma maior responsabilidade ambiental e adotar e promover tecnologias ambientalmente amigáveis). Finalmente, temos um princípio anticorrupção (atuar contra qualquer forma de corrupção).

---

72 TOMASEVICIUS FILHO, op. cit., p. 43.

Além disso, algumas empresas organizadas na forma de sociedade limitada, no Brasil, têm a certificação de B Corp. Dito isso, passemos à sociedade anônima.

Os deveres e responsabilidades dos administradores de uma sociedade anônima estão elencados na Seção IV, do Capítulo XII da Lei das Sociedades por Ações. Esta é a última seção do capítulo que trata do conselho de administração e da diretoria da companhia.

Os três deveres fundamentais que o administrador deve respeitar são o dever de diligência, de lealdade e de informação. Além disso, o administrador também deve evitar situações que gerem conflito de interesse entre ele e a companhia.

Vamos analisar cada uma dessas situações à luz das responsabilidades que um administrador tem, frente a estratégias de sustentabilidade que devem (ou podem) ser implementadas pelas empresas.

Finalidade dos deveres e responsabilidades do administrador

Em primeiro lugar, precisamos fazer uma consideração conceitual sobre a atuação dos administradores em uma sociedade anônima.[73] O administrador de uma sociedade por ações não é considerado, pela doutrina, como o mandatário

---

73 Apesar de haver pequenas diferenças entre conselheiros e diretores, o art. 145 da Lei de Sociedade por Ações diz que as normas relativas à responsabilidade dos administradores se aplicam a conselheiros e diretores indistintamente. Portanto, não faremos essa distinção ao logo deste trabalho.

de um acionista específico (como no caso de uma limitada), mas, uma vez eleito, deve agir como órgão, no interesse da sociedade como um todo. Eles seriam "representantes orgânicos da companhia, decorrendo seus poderes e atribuições da lei e do estatuto, não de um mandato por ela outorgado".[74]

Historicamente, essa doutrina surgiu em decorrência de decisões jurisprudenciais na Inglaterra e nos Estados Unidos, no início do século XX, que permitiram aos diretores não cumprirem com decisões tomadas pelos acionistas na medida em que elas seriam contrárias — ou, mesmo, lesivas — ao interesse da empresa.[75]

Nesse sentido, o interesse social não era mais visto apenas como o interesse do acionista, mas compreendia também outros interesses concorrentes, como o dos empregados, dos consumidores e dos credores. A Lei de Sociedade por Ações utiliza, diversas vezes, a expressão "interesse da companhia", para distingui-lo do interesse dos acionistas (entre outros, art. 115; art. 117, "c" e "e"; art. 129, parágrafo 2º e, principalmente, arts. 154 e 155; 157 e 159). A função do administrador seria, portanto, gerir todos esses interesses.[76]

---

[74] EIZIRIK, op. cit., p. 19. No mesmo sentido: GOMES, Orlando. Responsabilidade dos administradores de sociedade por ações. *Revista de Direito Mercantil, Industrial e Financeiro*, São Paulo, n. 8, 1972, p. 12.

[75] COMPARATO, Fábio Konder. *Aspectos Jurídicos da Macro-Empresa*. São Paulo: Editora Revista dos Tribunais, 1970, pp. 48-49. O professor Comparato faz um paralelo com a teoria política, para explicar essa nova concepção. Segundo as concepções da democracia liberal do séc. XIX, a "soberania popular não é a adição das soberanias individuais dos cidadãos, mas a supremacia indivisível da nação" (p. 43). Assim, o representante eleito não representa o interesse individual de quem o elegeu nem o do corpo de seus eleitores, mas sempre o interesse da nação. O mesmo se passaria na sociedade por ações. Ela tem um interesse próprio, que não coincide com o interesse particular dos sócios, sendo inclusive superior a esse.

[76] FRAZÃO, op. cit., p. 122 et seq.

O fato de a ideia de função social ser confusa, como vimos, torna essa tarefa extremamente difícil.

O art. 154 da Lei das Sociedades por Ações elenca as finalidades das atribuições conferidas aos administradores pela lei e pelo estatuto da companhia: alcançar (I) os fins e os interesses da companhia; (II) o bem público e (III) a função social da empresa. Essas finalidades devem ser cumpridas com diligência, lealdade e transparência. Essa obrigação do administrador vincula a atuação dos administradores, além do interesse da empresa, também ao bem público e à sua função social.[77] Aqui o legislador utilizou o que Orlando Gomes chamou de critério sintético de referências genéricas, não definidas em lei, cuja análise tem um alto grau de subjetividade.[78]

A questão mais importante é sabermos até que ponto os interesses da companhia podem ser conflitantes com a sua função social e em que momento a implementação, pelos administradores, de políticas atreladas a essa função, mas que geram perdas para a companhia, pode ser considerada causadora de danos insuscetíveis de reparação.

Então, aqui, torna-se relevante, mais uma vez, a discussão que tivemos no capítulo 2 sobre a função social da empresa.

Obviamente, se adotarmos a concepção de Friedman de que a única função social da empresa é dar lucros, raramente haverá um conflito entre os dois objetivos. Entretanto, se a função social de uma empresa não for somente gerar lucro

---

77 Nesse sentido, ver a decisão do Colegiado da CVM, PASCVM 21/04. Rel. diretor Pedro Oliva Marcílio de Souza, j. 15.5.2007.
78 Op. cit, p. 14.

aos seus acionistas, mas também levar em consideração os efeitos econômicos, sociais, ambientais e jurídicos (de curto e longo prazo) das operações da sociedade — em relação aos seus empregados, fornecedores, consumidores e à comunidade em que ela atua —, em muitos casos, os interesses da companhia (e dos acionistas) podem, sim, entrar em choque com a função social da empresa. Nesse caso, o administrador poderia ser acusado de ter lesado o interesse da sociedade (e, indiretamente, de seus sócios).

O caso da sociedade anônima é ainda mais complexo. A Lei das Sociedades por Ações faculta, aos acionistas, alterar as estruturas básicas da sociedade, incluindo seu objeto social — cabendo, ao acionista minoritário dissidente, apenas o direito de retirada. Mas sua finalidade lucrativa não pode ser modificada, mesmo que todos os acionistas concordem em nunca mais receber, da companhia, um centavo como dividendo.[79] Afinal, o art. 2º da Lei das Sociedades por Ações diz expressamente que só "pode ser objeto da companhia qualquer empresa de fim lucrativo" (Brasil, 1976, grifo nosso), afastando, assim, da sua aplicação, as atividades sem fins lucrativos.

O próprio art. 154 traz uma outra questão relacionada e interessante: o parágrafo veda, ao administrador, praticar atos de liberalidade à custa da companhia.[80] Por outro lado, o parágrafo quarto diz que

---

79 COMPARATO, op. cit., p. 43.
80 Nesse sentido, o Colegiado da CVM definiu o ato de liberalidade como sendo "o auto-despojamento de bem ou direito, de que não resulte qualquer proveito para quem o pratica" (PAS CVM RJ 09/97. Rel. diretor Wladimir Castelo Branco Castro, j. 13.12.2006). Segundo o professor Nelson Eizirik,

conselho de administração ou a diretoria podem autorizar a prática de atos gratuitos razoáveis em benefício dos empregados ou da comunidade de que participe a empresa, tendo em vista suas responsabilidades sociais (Brasil, 1976).

Assim, os "atos gratuitos razoáveis" se diferenciam dos "atos de liberalidade" por beneficiarem os empregados e/ou a comunidade de que participa a empresa; presumindo-se, portanto, benefício indireto, mas necessário.[81]

Isso parece indicar não só a necessidade de autorização expressa do conselho ou da diretoria para a implementação de determinadas políticas de ESG (ou seja, indica que elas têm um caráter excepcional) como que precisam cumprir com o critério de razoabilidade para serem executadas. Essa razoabilidade pode indicar que tais atos beneficiam a companhia indiretamente. Caso não houvesse esse benefício indireto, não poderiam ser considerados como "razoáveis". Assim, como ensina o professor Comparato: "A razoabilidade aí, como ninguém pode ignorar, é apreciada em função justamente da finalidade lucrativa, que é da essência da sociedade anônima".[82]

---

constituem atos de liberalidade "aqueles que, embora diminuam o patrimônio da companhia, não lhe trazem qualquer benefício ou vantagem econômica", como a renúncia a direitos, a prestação de garantias em favor de terceiros ou a concessão de empréstimos aos acionistas em condições mais favoráveis que as de mercado (EIZIRIK, op. cit., p. 142).

81 LAZZARESCHI NETO, Alfredo Sérgio. *Lei das Sociedades por Ações Anotadas*. 3. ed., São Paulo: Saraiva, 2010, p. 353.

82 COMPARATO, op. cit., p. 43.

Obviamente, nem toda política de ESG implica em atos gratuitos. Entretanto, esse exemplo deixa claro o quão complexa é a questão da definição de função social da empresa.

Também é preciso lembrar que o administrador que viola os seus deveres e atua com desvio de poder está sujeito a ser condenado, por prejuízos causados à companhia, nos termos dos arts. 158 e 159 da Lei das Sociedades por Ações, a ser afastado de suas funções e a outras sanções administrativas (no caso de companhia de capital aberto), cíveis e criminais cabíveis.[83]

O caput do art. 158 estabelece a responsabilidade do administrador (I) quando agir com culpa ou dolo, mesmo que dentro de suas atribuições e poderes ou (II) agir com violação da lei ou do estatuto. Por outro lado, a lei estabelece expressamente a irresponsabilidade do administrador por atos regulares de gestão, tomada de forma informada e de boa-fé. Em outras palavras, a obrigação do administrador é de meio, e não de fim. Ele somente é responsável por atos irregulares de gestão, entendidos como aqueles praticados com culpa ou dolo ou em desacordo com o a lei ou o estatuto.[84]

Analisaremos a definição de atos regulares de gestão (que se aproxima da noção anglo-saxã de *business judgement*) a seguir.

---

83 LAZZARESCHI NETO, op. cit., p. 347.
84 Segundo Lazzareschi, a configuração da responsabilidade do administrador parte de três pressupostos: (i) a conduta antijurídica imputável a ele; (ii) o dano causado à companhia e (ii) o nexo de causalidade entre o item (i) e o item (ii) acima (Ibidem., p. 385). Segundo Orlando Gomes, por atos antijurídicos do administrador podem ser prejudicados a própria sociedade, o acionista e terceiros (op. cit., p. 12).

Para recuperar os danos causados pelo administrador ao seu patrimônio,[85] a companhia pode entrar com uma ação de responsabilidade civil contra ele. A sua propositura deve ser deliberada em assembleia geral. Se aprovada em assembleia, mas a companhia não entrar com a ação no período de três meses, qualquer acionista poderá promovê-la. E, mesmo que a assembleia delibere por não promover a ação, ainda assim os acionistas com pelo menos 5% do capital social poderão propô-la contra o administrador. Nesses casos, o resultado da ação deve se reverter para a companhia, mas os acionistas serão reembolsados de todas as despesas incorridas com a lide, com juros e correção monetárias dos valores respectivos.

Assim, alinhar os interesses dos controladores e dos administradores é essencial para o desenvolvimento de uma política de ESG da empresa e para a mitigação de responsabilidade dos administradores na sua implementação.

Sendo assim, precisamos tecer algumas considerações sobre o assunto.

Primeiramente, é de suma importância lembrar que, como já vimos (capítulo 2), o princípio da função social da atividade econômica (visando a defesa do consumidor, do meio ambiente, a redução de desigualdades e a busca do pleno emprego) encontra-se consagrado no texto constitucional (conforme o artigo 170, inciso VI). Portanto, tanto o acionista majoritário como o gestor da empresa possuem

---

[85] Orlando Gomes diz que, aqui, devem entrar não apenas os prejuízos emergentes e o lucro cessante, mas o "ato impeditivo do incremento patrimonial" (op. cit., p. 13).

obrigações claras no tocante à proteção do ambiente, do consumidor e de relações de trabalho justas.

Além disso, no que tange à autorregulação do mercado, o Código Brasileiro de Governança Corporativa — Companhias Abertas, elaborado pelo Grupo de Trabalho Interagentes e coordenado pelo IBGC, sendo divulgado pela ANBIMA, tem, como um dos seus princípios (Princípio 2.1), que

> o conselho de administração deve exercer suas atribuições considerando os interesses de longo prazo da companhia, os impactos decorrentes de suas atividades na sociedade e no meio ambiente e os deveres fiduciários de seus membros, atuando como guardião dos princípios, valores, objeto social e sistema de governança da companhia (IBGC, 2016).

O código recomenda que a companhia aberta adote, como prática, a definição, pelo conselho de administração, de "estratégias de negócios, considerando os impactos das atividades da companhia na sociedade e no meio ambiente" (IBGC, 2016).

Finalmente, como já dissemos anteriormente, o parágrafo único do artigo 116 da Lei das Sociedades por Ações determina que o acionista controlador

> deve usar o poder com o fim de fazer a companhia realizar o seu objeto e cumprir sua função social, e tem deveres e responsabilidades para com os demais acionistas da empresa, os que nela trabalham e para com a comunidade em que atua, cujos direitos e interesses deve lealmente respeitar e atender (Brasil, 1976).

Nesse sentido, o artigo 154 da mesma lei diz que o

> administrador deve exercer as atribuições que a lei e o estatuto lhe conferem para lograr os fins e no interesse da companhia, satisfeitas as exigências do bem público e da <u>função social da empresa</u> (Brasil, 1976, grifo nosso).[86]

Dessa forma, podemos concluir que, assim como os administradores têm que fazer a companhia cumprir com sua função social, os acionistas também têm essa obrigação. O art. 116 da Lei de Sociedade por Ações imputa, aos acionistas controladores, inclusive, deveres de boa governança (para com os demais acionistas) e deveres sociais (para com os empregados e a comunidade). Dada a conexão lógica entre o art. 116 e o art. 154, é mais do que razoável admitir que os mesmos deveres sejam estendidos aos administradores.

Em suma, é preciso lembrar que a função social da empresa é apenas uma das responsabilidades do administrador, que deve também proteger os interesses da empresa e cumprir seus deveres estabelecidos no estatuto social da companhia e na lei, de forma diligente, transparente e leal. A lei não estabelece uma hierarquia entre as diversas funções e nem soluções para o caso de conflito. Portanto, concatenar tudo isso nem sempre é fácil, principalmente

---

86 Nesse sentido, o Colegiado da CVM já decidiu que "o *caput* do art. 154 apenas vincula a atuação dos administradores, ao estilo do que faz o parágrafo único do art. 117 com relação ao acionista controlador, não só ao interesse da companhia, mas, também, às exigências do bem público e da função social da empresa" (Colegiado da CVM, PAS CVM 21/04. Rel diretor Pedro Oliva Marcilio de Souza, j. 15.5.2007).

quando se pode ser responsabilizado pelos eventuais danos causados ao patrimônio da empresa. Além disso, o nosso ordenamento facilita muito mais a responsabilização do administrador, por não ter obtido lucro, do que a do controlador, por não ter cumprido com o seu poder-dever de organizar as forças produtivas da empresa para a consecução da sua função social.[87]

Uma forma que os administradores têm de institucionalizar as suas iniciativas ESG é certificar a companhia como B Corp.[88]

A B Corporation, muitas vezes referida como B Corp, é um tipo de entidade comercial que visa equilibrar o lucro e o propósito. Ao contrário das corporações tradicionais, que priorizam ganhos financeiros para os acionistas, as B Corps incluem, em seus objetivos, o comprometimento em gerar impacto social e ambiental positivo, ao lado de seu sucesso financeiro. Mas é preciso deixar claro que ela não representa um tipo societário novo ou qualquer outro instituto legalmente protegido. Em outras palavras, ela não está protegida por nenhum arcabouço legal. É apenas uma certificação da empresa nesse sentido.

---

[87] Apesar de, como vimos, as duas estarem altamente entrelaçadas, este trabalho não tem, como objetivo, analisar a responsabilidade do acionista controlador, mas apenas do administrador. Uma análise da responsabilidade do acionista controlador exigiria outro livro. O que podemos dizer, em linhas gerais, é que a lei societária só pune o abuso de poder de controle (art. 117) com responsabilidade por perdas e danos, apear de nem tratar sobre quem seria parte legítima para exigir tais deveres do controlador. A lei também não trata, como o faz com o administrador, dos aspectos processuais e procedimentais da ação de responsabilidade do controlador. O professor Fábio Konder Comparato sugere a ideia de punir o controlador que não exerce o seu poder-dever de fazer com que a empresa cumpra a sua função social com a eventual "expropriação não condicionada ao pagamento de indenização integral, ou até sem indenização" (COMPARATO, *op.cit.*, p. 37).

[88] BCORPORATION. Disponível em: https://www.bcorporation.net/en-us/. Acesso em: nov. 2023.

As raízes históricas do movimento B Corporation remontam ao final do século XX. O termo "B Corporation" foi cunhado pelos empreendedores Jay Coen Gilbert, Bart Houlahan e Andrew Kassoy em 2006. Eles fundaram o B Lab, organização sem fins lucrativos, independente, com a intenção de abordar as limitações das estruturas corporativas tradicionais e promover um modelo de negócios mais sustentável e socialmente responsável.

Em 2007, as primeiras certificações de B Corps foram concedidas a um grupo de empresas pioneiras. Isso marcou o início de um movimento que buscava redefinir os objetivos e as responsabilidades das empresas na sociedade moderna. A ideia ganhou força, à medida que consumidores e investidores começaram a exigir maior transparência e responsabilidade das corporações, incentivando mais empresas, de forma direta ou indireta, a buscarem a certificação B Corp.[89]

Ao longo dos anos, o movimento B Corporation cresceu significativamente, transcendendo fronteiras e indústrias. Atualmente, mais de sete mil empresas foram certificadas, em todo o mundo, de vários setores e tamanhos, incluindo várias empresas brasileiras. Esse movimento também influenciou mudanças legais em algumas jurisdições, introduzindo marcos legais que reconhecem e apoiam o compromisso das empresas com a responsabilidade social e ambiental.

As B Corps passam por uma avaliação rigorosa de suas práticas de negócios, abrangendo fatores como governança, tratamento dos funcionários, envolvimento da comunidade e

---

89 YUNUS, Muhammad. *Criando um Negócio Social*. Rio de Janeiro: Elsevier, 2010, p. 140.

sustentabilidade ambiental. Essa avaliação é conduzida pelo B Lab, que certifica empresas que atendem aos padrões rigorosos das B Corps. Inicialmente, a empresa deve responder um questionário sobre o impacto socioambiental de suas atividades e conseguir uma pontuação mínima para prosseguir para a fase seguinte do processo. Essa segunda fase envolve uma entrevista com a equipe do B Lab, para comprovar as práticas declaradas no questionário. Finalmente, a empresa assina um termo de compromisso relacionado com as obrigações que terá de cumprir para fazer jus à certificação.[90]

Apesar de não ter proteção jurídica, as regras de certificação exigem que a empresa inclua, em seu estatuto social, um objeto social específico, que os administradores da companhia podem perseguir, além dos interesses dos acionistas, o bem-estar de "interessados" no negócio da empresa (como seus funcionários, clientes e a comunidade na qual está localizada); uma regra em consonância ao estabelecido no art. 154 da Lei das Sociedades por Ações.[91]

Ao incluir, expressamente, em seu estatuto social, o objetivo de considerar os efeitos econômicos, sociais, ambientais e jurídicos de curto e longo prazo das operações da sociedade, em relação aos seus empregados ativos, fornecedores, consumidores e demais credores e também em relação à comunidade em que atua (local e globalmente), além de autorizar os administradores a perseguirem esse objetivo, a certificação

---

90 OLIVEIRA, André Luiz Mattos de. A Função Social da Empresa em Face dos Princípios Constitucionais da Ordem Econômica. Leme: Mizuno, 2023, p. 111.
91 Ibidem, p. 139.

como B Corp confere legitimidade às políticas de ESG, pois não só os sócios reconhecem, formalmente, essa função social da empresa, dando corpo a esse princípio, mas impõem ao administrador a finalidade específica de alcançá-lo.

Por fim, os pressupostos de responsabilidade civil que geram o direito à reparação do dano estão estabelecidos nos arts. 186 e 187 do nosso Código Civil.[92]

De forma bastante sintética, são eles: (I) ação ou omissão contrária ao ordenamento jurídico; (II) culposas ou dolosas e (III) que causem danos a terceiros, ainda que somente de ordem moral.

Esses pressupostos são também aplicáveis à responsabilidade dos administradores de sociedades por ações. A peculiaridade, nesse caso, é que

> os danos normalmente decorrem não da violação a direitos absolutos, mas sim da violação a cláusulas gerais e a normas de proteção consubstanciadas nos deveres a eles [administradores] impostos[93].

Em particular a violação aos deveres de diligência, lealdade e informação. Em outras palavras, a culpa dos administradores, para efeitos de se auferir a sua responsabilidade, nos termos do inciso I do art. 158 da Lei de Sociedade por Ações, deve ser analisada à luz dos seus deveres, que funcionam

---

92 Art. 186. Aquele que, por ação ou omissão voluntária, negligência ou imprudência, violar direito e causar dano a outrem, ainda que exclusivamente moral, comete ato ilícito.
Art. 187. Também comete ato ilícito o titular de um direito que, ao exercê-lo, excede manifestamente os limites impostos pelo seu fim econômico ou social, pela boa-fé ou pelos bons costumes.
93 FRAZÃO, op. cit., p. 258.

como parâmetros, padrões de conduta ou standards (para utilizar uma terminologia do direito norte-americano), que orientam os atos de gestão. Esses standards não possuem um conteúdo exato, mas têm caráter enunciativo e funcionam como diretivas genéricas a serem analisadas conforme o tempo, o lugar e as circunstâncias dos atos em questão. Assim, verifica-se a conduta do administrador se corresponde, ou não, ao padrão desejado.[94]

O que procuraremos fazer, aqui, é analisar cada um desses princípios à luz da necessidade de satisfação, pelo administrador, no exercício de suas atividades, da função social da empresa.

Deveres de diligência e lealdade

O primeiro dever do administrador de uma sociedade anônima enunciado pela Lei das Sociedades por Ações é o dever de diligência. O art. 153 da Lei das Sociedades por Ações diz que:

> O administrador da companhia deve empregar, no exercício de suas funções, o cuidado e diligência que todo homem ativo e probo costuma empregar na administração dos seus próprios negócios. (Brasil, 1976).

Muitos sustentam que esse é o dever mais importante que a lei enumera.[95] Em particular, pelo fato de servir como

---

94 PARENTE, Flávia. *O Dever de Diligência de Administradores de Sociedades Anônimas*. Rio de Janeiro: Renovar, 2005, p. 34.
95 LAZZARESCHI NETO, op. cit., p. 341.

padrão abstrato para se avaliar a reprovabilidade da conduta do administrador, funcionando como um parâmetro objetivo de avaliação de sua conduta.[96] Pode-se determinar, assim, se o ato do administrador, na medida em que causou danos à companhia, é passível de responsabilização.

O dever de diligência tem um caráter procedimental, pois é uma obrigação de meio (e não de resultado). O que se exige do administrador é a condução dos negócios da empresa com o "cuidado e diligência que todo homem ativo e probo costuma empregar na administração dos seus próprios negócios", independentemente dos resultados que, ao final, forem obtidos.[97]

Segundo o colegiado da Comissão de Valores Mobiliários,

> o dever de diligência pode ser desmembrado em pelo menos outros cinco deveres relativamente distintos: dever de se qualificar, dever de bem administrar, dever de se informar, dever de investigar e dever de vigiar (Brasil, 2008).[98]

Com relação ao primeiro subdever, o administrador precisa ter capacidade técnica mínima para o desenvolvimento dos negócios da sociedade. Nesse sentido, ele deve estar atento às discussões que ocorrem no mercado e se atualizar sobre as boas práticas de administração correntes, principalmente aquelas pertinentes ao negócio em questão. Em

---

96 FRAZÃO, op. cit., p. 143.
97 PARENTE, op. cit., p. 50.
98 Colegiado CVM, Processo Administrativo Sancionado (PAS) CVM 25/03. Rel. diretor Eli Loria, j. 25.3.2008.

outras palavras, o administrador precisa ter capacidade técnica adequada para os negócios da empresa e estar em constante processo de atualização.

Como já foi dito diversas vezes ao longo deste livro, o conceito de ESG está consolidado e mais do que difundido no meio empresarial contemporâneo. Uma busca rápida na internet mostra a quantidade de cursos, palestras e conferências voltadas para o tema ao redor do mundo. Dessa forma, entendemos que, para se declarar minimamente capacitado para gerenciar uma empresa um pouco mais complexa, um administrador precisa acompanhar as discussões sobre sustentabilidade e os riscos de não a adotar uma ou mais estratégias relacionadas (ver introdução).

Além disso, o dever de bem administrar deve ser aquele que um "homem ativo e probo" teria, na gestão da companhia, para que ela execute seu objeto social e atinja seus interesses; um conceito bastante elástico e que deve ser observado à luz das regras e costumes vigentes à época do caso concreto em análise.[99]

---

99 Nesse sentido, ele se assemelha ao que chamamos, anteriormente, de "noções confusas". Luz Antonio de Sampaio Campo, no seu voto proferido no Inquérito Administrativo CVM nº RJ 2002/1173 (Rel. diretora Norma Jonssen Parente, j. 02.10.2003), comentou acerca dos "conceitos abertos", ideia semelhante às noções confusas: "Os *conceitos abertos*, os assim chamados *standards* de conduta como o propalado dever de diligência, o dever de conhecer o seu cliente dentre outros deveres previstos na lei, por não se traduzirem em normas de condutas objetivas, terão que ser examinadas no processo administrativo considerando não necessariamente e apenas a melhor conduta, mas sim a razoabilidade da conduta adotada ainda que se possa admitir que outra fosse, na opinião do julgador, mais apropriada ou adequada. É esse ponto de equilíbrio que se impõe aos padrões de conduta, dado a sua falta de objetividade. Além disso, a conduta deve ser examinada considerando o momento em que deveria ser praticada e em quais circunstâncias, no calor dos acontecimentos e não distante dos fatos, comodamente e com a calma atípica ao mundo dos negócios" (grifo nosso). Vale ressaltar também, como fez o professor Eizirik, que, nesse caso, não devemos confundir o conceito de homem probo para administradores de empresas com o *bonus pater familiae*. O bom pai de família deve ser cauteloso e manter o seu patrimônio. Já o administrador de empresa,

Assim, em caso de conduta do administrador que potencialmente desrespeite o dever de diligência, o julgador do caso concreto tem uma margem grande de flexibilidade, podendo analisar uma série de elementos que poderão ou não caracterizar a conduta ilícita. O julgador poderá levar em consideração aspectos como o tamanho e a complexidade dos negócios da companhia, seu objeto social, as funções específicas de cada administrador, as circunstâncias nas quais a prática se deu e os valores envolvidos.[100]

Do mesmo modo, é evidente que o administrador de um pequeno negócio familiar não deverá ser julgado pelos mesmos critérios do CEO de um grande banco comercial. Cada negócio exige, dos seus administradores, um grau de diligência distinto e, portanto, competências diferentes.[101]

O dever de se informar segue a mesma linha. O administrador deve ter informações suficientes não só sobre o andamento ordinário dos negócios, mas também sobre a conjuntura das atividades da empresa.[102]

Mas não se espera que todos os administradores tenham o mesmo nível em todos os casos. O que se espera, sim, é que ele tenha o nível adequado para poder tomar decisões negociais informadas, na gestão da companhia. Deve buscar se informar, por exemplo, no que diz respeito a políticas ESG, sobre os riscos ambientais e sociais envolvidos na

---

pela própria natureza do negócio, deve multiplicar o patrimônio da sociedade e, para tanto, assumir determinados riscos (op. cit., p. 127).
100 LAZZARESCHI NETO, op. cit., p. 342.
101 EIZIRIK, op. cit., p. 126.
102 Ibidem, p. 131.

indústria e quais as melhores maneiras de se endereçar os problemas relacionados com o seu negócio.

A própria CVM já determinou, em diversas situações, que uma atitude que caracteriza a inobservância do dever de diligência é a decisão negocial que é feita sem a devida auditoria.[103] Obviamente, cada negócio tem a sua "devida" auditoria. A mais comum de todas é aquela envolvida em operações de fusão e aquisição ou em emissões públicas de valores mobiliários. Normalmente, as operações de fusão e aquisição de uma empresa são precedidas pela contratação de assessores legais e contábeis que vão fazer uma análise profunda da empresa-alvo. Do ponto de vista jurídico, o escritório de advocacia deverá investigar, entre outras coisas, as práticas e contingências trabalhistas e tributárias e analisar os documentos societários e contratuais que podem ter um impacto negativo na operação (por exemplo, contratos financeiros que tenham cláusula de aceleração, no caso de mudança de controle da empresa). Por outro lado, a empresa de contabilidade fará uma análise dos balanços da empresa, para determinar se as políticas contábeis estão aderentes às regras legais e se capturaram, de forma verídica e abrangente, os ativos, passivos e movimentações do negócio.

Nas operações de mercado de capitais, as auditorias feitas pelos diversos participantes seguem os padrões estabelecidos no mercado e devem ser suficientes para que dois objetivos sejam concluídos. Em primeiro lugar, que se produza um prospecto com informações suficientes, completas e verídicas sobre o emissor de valores mobiliários e seus negócios; para

---

103 Ver, por exemplo, PAS CVM 2005/0097, relatora diretora Maria Helena Santanna, j. 15.3.2007.

que um investidor possa tomar uma decisão consciente de compra do título em questão. Em segundo lugar, que o escritório e a empresa de auditoria possam dar seus pareceres e cartas de conforto para os coordenadores da operação.

Normalmente, o processo de auditoria envolve uma etapa de revisão da documentação relevante para o caso, organizada e enviada para as partes, pelo emissor. Na segunda etapa, os agentes envolvidos entrevistam os administradores do emissor sobre os aspectos mais relevantes da operação e do negócio da companhia.

Nesse tipo de operação, a análise dos aspectos que envolvem as boas práticas ESG da empresa-alvo ou do emissor tem se tornado cada vez mais relevante. Dependendo dos negócios envolvidos, uma auditoria ambiental abrangente — inclusive com a contratação de uma empresa especializada — deverá determinar as contingências e práticas da empresa.

Outra área que tem gerado cada vez mais interesse nos processos de auditoria é a de compliance e anticorrupção. Aqui no Brasil, principalmente depois da Operação Lava-Jato e do impacto que ela teve nas empresas envolvidas, esse tema tem estado no topo da lista de preocupações das empresas que compram um novo negócio.

No caso de emissão de valores mobiliários, o prospecto que deverá ser produzido, por força, inclusive, das regras aplicáveis da CVM, deve descrever essas e outras políticas da empresa ligadas a questões ambientais, sociais e de governança. Falaremos mais sobre isso a seguir.

O dever de investigar impõe ao administrador a obrigação de analisar criticamente as informações recebidas, a fim de identificar problemas que possam afetar negativamente o negócio social. Hoje em dia, a parte mais importante dessa missão está em criar controles internos e estruturas gerenciais capazes de identificar os aspectos frágeis da empresa, que mereçam, por parte do administrador, uma análise mais profunda.[104]

Como veremos no capítulo 4, em mercados regulados (como o mercado financeiro), o regulador prevê regras específicas para a criação desses controles — em particular, no que diz respeito à gestão de riscos ambientais. Entretanto, mesmo empresas que não atuam nesses mercados e não têm obrigação regulatória de implementar tais estruturas estão quase obrigadas, hoje em dia, a fazê-lo, sob pena de responsabilização de seus administradores por falta da devida diligência. Afinal, o impacto negativo que uma empresa causa, na sociedade, a sujeita a riscos reputacionais severos, que podem, inclusive, inviabilizar o negócio.[105]

Finalmente, grande parte do que foi dito sobre o dever de investigar pode ser dito, também, sobre o dever de vigilância sobre os funcionários. A vigilância é realizada de forma sintética, não estando o administrador obrigado a inspecionar todos os detalhes da vida social o tempo todo.[106]

---

104 YAZBEK, Otávio; DUARTE, Anelise Paschoal Garcia. O dever de diligência dos administradores, ESG e riscos reputacionais. *Revista do Advogado*, Ano XLIII, n. 159, São Paulo, 2023, p. 135. Os autores falam ainda que: "Esse movimento mais genérico, a partir do qual se passou a reconhecer a importância dos controles internos, está, como se viu, relacionado às dificuldades de fiscalização nas empresas de maior porte e à complexificação do ambiente de negócios e representa, de maneira bastante clara, a emergência de um novo paradigma, em que se valorizam as práticas de *compliance* nas companhias. Estas surgem, não por bom-mocismo, mas porque há novos requisitos regulamentares e uma infinidade de novos riscos, que demandam acompanhamento".
105 Ibidem, p. 138.
106 Ibidem, p. 134-135.

Muitas vezes, essa fiscalização também se dá através da implementação de sistemas de controles internos, que apontarão desvios de conduta se — e quando — acontecerem. Entretanto, vigilância não pode ser entendida, hoje em dia, como o mero acompanhamento das funções repassadas aos empregados, mas também o ato de dotá-los das habilidades suficientes para cumprir suas funções a contento. Ou seja: os funcionários precisam receber treinamento apropriado e contínuo sobre questões que são do interesse da empresa e que afetam os seus negócios.

Muitas empresas, por exemplo, estabelecem cursos sobre segurança cibernética, rotineiramente, para todos os seus empregados, informando-os do que deve ser feito ou evitado. Devido ao rápido desenvolvimento da tecnologia, esses cursos precisam ser atualizados de tempos em tempos, para que não se tornem obsoletos (e, portanto, inúteis). Nessa mesma linha, o Banco Central do Brasil determina que as instituições sujeitas às regras de controle sobre lavagem de dinheiro forneçam treinamento aos empregados envolvidos em operações sujeitas a esse tipo de ilícito, para o aprofundamento nas regras vigentes e na conduta da instituição a respeito de suas obrigações legais e regulatórias. A alta administração das empresas tem o dever de se certificar de que o conteúdo dessa capacitação dos seus funcionários é apropriado para o negócio da companhia e de que o treinamento está sendo efetivamente dado e assistido, inclusive com exames, atestando que a pessoa absorveu a mensagem (ou solicitando que ela o refaça, em caso de reprovação).

Assim, dependendo da atividade da empresa e do grau dos riscos sociais e ambientais envolvidos, a administração da sociedade deve considerar, de forma diligente, quais as capacitações adequadas para seus funcionários, contratando consultorias especializadas, eventualmente, e customizando cursos sobre o tema.

Um último ponto precisa ser abordado: o regulador, normalmente, não faz um julgamento de valor sobre a questão dos méritos negociais depois das devidas diligências. É o que os americanos chamam de *business judgement rule*.[107]

O Colegiado da CVM já se manifestou, diversas vezes, assim: "Considerações sobre o mérito de decisões de negócio, em geral, extrapolam o papel do regulador" (Brasil, 2008).[108] Então, apenas o processo é que é analisado pelo julgador (se a decisão foi tomada pelos órgãos apropriados e as devidas diligências foram tomadas etc.), mas o mérito em si está, normalmente, fora do seu âmbito de atuação.

Em um julgado muito importante, a CVM determinou quais os princípios que o poder judiciário americano observa, para que o administrador se beneficie dessa regra:

> Em razão da regra da decisão negocial, o Poder Judiciário americano preocupa-se apenas com o processo que levou à decisão e não com o seu mérito. Para utilizar a regra da decisão negocial, o administrador deve

---

107 O *business judgement rule* foi incorporado no direito brasileiro pelo parágrafo 6º do art. 159 da Lei de Sociedade por Ações. Como vimos, ele cria uma exceção à responsabilidade do administrador, no caso de este ter agido de boa-fé e visando o interesse da companhia.
108 PAS CVM 2005/0097. Relatora diretora Maria Helena Santanna, j. 15.3.2007, entre diversos outros julgados da CVM, no mesmo sentido.

seguir os seguintes princípios: (i) Decisão informada: A decisão informada é aquela na qual os administradores basearam-se nas informações razoavelmente necessárias para tomá-la. Podem os administradores, nesses casos, utilizar, como informações, análises e memorandos dos diretores e outros funcionários, bem como de terceiros contratados. Não é necessária a contratação de um banco de investimento para a avaliação de uma operação; (ii) Decisão refletida: A decisão refletida é aquela tomada depois da análise das diferentes alternativas ou possíveis conseqüências ou, ainda, em cotejo com a documentação que fundamenta o negócio. Mesmo que deixe de analisar um negócio, a decisão negocial que a ele levou pode ser considerada refletida, caso, informadamente, tenha o administrador decidido não analisar esse negócio; e (iii) Decisão desinteressada: A decisão desinteressada é aquela que não resulta em benefício pecuniário ao administrador. Esse conceito vem sendo expandido para incluir benefícios que não sejam diretos para o administrador ou para instituições e empresas ligadas a ele. Quando o administrador tem interesse na decisão, aplicam-se os standards do dever de lealdade (duty of loyalty). 32. Existem, no entanto, situações em que, além de operações em que se tenha interesse, o Poder Judiciário não aceita a aplicação da regra da decisão negocial. Por exemplo, não se aceita a completa alienação das decisões negociais, alegando-se falta de competência ou de conhecimento. Também não são protegidas pela regra da decisão negocial as decisões tomadas visando a fraudar a companhia, ou seus acionistas, ou aquelas que não tenham sido tomadas em boa fé (PAS CVM RJ 2005/1443, Rel. diretor Pedro Oliva Marcílio de Souza, j. 21.3.2006, grifo nosso).

Essa decisão levanta uma questão muito importante sobre o dever de um administrador: nos atos de gestão da empresa, ele não pode faltar com suas obrigações de lealdade nem se colocar em uma situação de conflito de interesse (dois deveres que são complementares ao dever de diligência). Como já foi decidido pelo Colegiado da CVM, o dever de lealdade equipara-se ao *standard of loyalty* do direito norte--americano, segundo o qual o administrador deve agir sempre de boa-fé, colocando os interesses da companhia na frente dos seus próprios e de terceiros, não podendo, mediante o exercício dos poderes inerentes ao seu cargo, obter benefício indevido para si ou para outrem.[109] Assim, quando aparece uma oportunidade comercial para a companhia, o administrador que tomou conhecimento de tal oportunidade não pode aproveitar--se dela para si, ou para terceiros, em detrimento da sociedade.

Ele se traduz concretamente, nos termos do art. 155 da Lei de Sociedades por Ações, pela lista de condutas proibidas ali dispostas. Segundo esse artigo, o administrador não pode:

> (i) usar, em benefício próprio ou de outrem, com ou sem prejuízo para a companhia, as oportunidades comerciais de que tenha conhecimento em razão do exercício de seu cargo; (ii) omitir-se no exercício ou proteção de direitos da companhia ou, visando à

---

109 PAS CVM 25/03. Rel. diretor Eli Loria, j. 25.3.2008

obtenção de vantagens, para si ou para outrem, deixar de aproveitar oportunidades de negócio de interesse da companhia; (iii) adquirir, para revender com lucro, bem ou direito que sabe necessário à companhia, ou que esta tencione adquirir (Brasil, 1976).[110]

Na mesma linha encontram-se as situações de conflito de interesse entre o administrador e a companhia, nos termos do art. 156 da Lei de Sociedade por Ações.[111]

Nos casos em que o administrador identificar um interesse concorrente ao da empresa, mesmo em questões ligadas às políticas ESG, ele deve tornar pública essa situação, consignando-a em ata própria, e somente poderá contratar com a empresa em condições equitativas. Equitativo, aqui, significa que, para a empresa, é indiferente contratar com o administrador ou com terceiros, pois as condições comerciais são equivalentes e idênticas às que prevalecem no mercado.[112]

Em suma, não se pode falar sobre diligência e lealdade de um administrador sem incluir, no escopo desses deveres,

---

110 Segundo a melhor doutrina, a lista expressa na Lei de Sociedade por Ações é meramente exemplificativa, e outras hipóteses podem ser consideradas como violação ao dever de lealdade e sujeitar o administrador infrator a ressarcir os danos causados, ser afastado das suas funções e demais sanções administrativas e criminais cabíveis (LAZZARESCHI NETO, op. cit., p. 354).
111 "Art. 156. É vedado ao administrador intervir em qualquer operação social em que tiver interesse conflitante com o da companhia, bem como na deliberação que a respeito tomarem os demais administradores, cumprindo-lhe cientificá-los do seu impedimento e fazer consignar, em ata de reunião do conselho de administração ou da diretoria, a natureza e extensão do seu interesse. § 1º Ainda que observado o disposto neste artigo, o administrador somente pode contratar com a companhia em condições razoáveis ou equitativas, idênticas às que prevalecem no mercado ou em que a companhia contrataria com terceiros. § 2º O negócio contratado com infração do disposto no § 1º é anulável, e o administrador interessado será obrigado a transferir para a companhia as vantagens que dele tiver auferido".
112 LAZZARESCHI NETO, op. cit., p. 369.

conhecimento e gerenciamento de questões ambientais, sociais e de governança. Entretanto, o grau de complexidade e extensão dessas políticas deve ser analisado caso a caso, levando-se em consideração o tamanho da empresa e suas características específicas (se ela é de capital aberto ou fechado, o potencial de impacto negativo que suas atividades produzem no meio ambiente etc.).

Além disso, é importante salientar a função mediadora do administrador, com relação a todos os interesses envolvidos na empresa: dos acionistas (controladores e minoritários), empregados, consumidores, fornecedores e da comunidade na qual ela está localizada. Nesse aspecto, duas coisas devem ser ressaltadas: primeiro, como vimos, os administradores agem como órgãos, no interesse da empresa (e não dos acionistas). O interesse da empresa, por força das disposições analisadas da Lei de Sociedade por Ação, deve, necessariamente, levar em consideração a sua função social, consubstanciada primordialmente nos princípios do art. 170 da nossa Constituição. É a esse interesse que o administrador deve lealdade. Segundo, o aspecto procedimental do debate, nos respectivos órgãos de administração, é fundamental. Ele deve englobar tanto o interesse imediato da companhia, visando o lucro, como o interesse social dos atos de gestão, na proteção de todas as partes interessadas (*stakeholders*).

No bojo dessas discussões, sopesados todos os interesses envolvidos, o administrador pode, no limite, afastar ações que sejam vantajosas para a companhia, mas que provocariam danos injustificados e/ou desproporcionais aos demais grupos envolvidos. Afinal, os danos reputacionais que isso poderia causar para a companhia são difíceis de mensurar, mas podem ser catastróficos. Essas decisões devem, inclusive, ser consideradas razoáveis para os fins da *business judgement rule*.[113]

Dever de informação e regras de divulgação de informação ESG

A rigor, o dever de informar está preconizado no art. 157 da Lei das Sociedades por Ações e trata de uma série de informações que devem ser divulgadas pelos administradores. O princípio geral da regra é o do *full discloure,* que assegura aos acionistas minoritários e demais investidores do mercado de valores mobiliários o amplo acesso às informações das sociedades por ações de capital aberto, para que possam orientar, conscientemente, a aplicação dos seus recursos.[114]

Nosso legislador incorporou, no ordenamento jurídico, os princípios estabelecidos no direito norte-americano, principalmente no *Securities Act* de 1933 e no *Securities and Exchange Act* de 1934, elaborados após a crise do mercado de capitais de 1929, e que privilegiaram a ideia de que a melhor forma de proteger os investidores é prestando-lhes informações relevantes, claras e abrangentes para que eles possam tomar uma decisão informada sobre a compra e venda de valores mobiliários no mercado.[115]

---

113 FRAZÃO, op. cit., p. 439.
114 Colegiado CVM, Proc. RJ 2004/5494, Reg. N. 4483/2004, voto da Diretora Norma Jonsen Parente, j. 16.12.2004.
115 EIZIRIK, op. cit., p. 182.

Uma das preocupações centrais desse artigo é evitar a prática do crime conhecido como *insider trading*. Nos termos do art. 27-D da Lei nº 6.385 de 27 de dezembro de 1976, conforme alterada (que regula o mercado de valores mobiliários no Brasil), insider é definido como

> utilizar informação relevante de que tenha conhecimento, ainda não divulgada ao mercado, que seja capaz de propiciar, para si ou para outrem, vantagem indevida, mediante negociação, em nome próprio ou de terceiros, de valores mobiliários (Brasil, 1976)

em linha com o disposto no parágrafo 4º do art. 155 da Lei de Sociedade por Ações.

A lei estabelece pena de um a cinco anos de reclusão e multa de até três vezes o montante da vantagem ilícita obtida em decorrência do crime, além de outras sanções cíveis e administrativas, como a aplicação, pela CVM, das penas previstas no art. 11, após a instauração de processo sancionador.[116] Esse artigo ainda majora a pena em 1/3 se o agente do crime tinha o dever de sigilo com relação à informação indevidamente utilizada, nos termos do parágrafo 1º do art. 155 da Lei de Sociedade por Ações.

Aqui, também, os diversos deveres do administrador se misturam, pois, no cumprimento do seu dever de informar, o administrador deve atuar com lealdade tanto para com os

---

[116] O processo administrativo sancionador da CVM é, atualmente, regulado pela Resolução CVM nº 45 de 31 de agosto de 2021 (conforme alterado). O seu anexo A, que estabelece o valor máximo da pena-base de que trata o art. 62 (semelhante ao art. 11 da Lei nº 6.385), classifica o crime de *insider* no mais severo dos casos (Grupo V), com pena base de até R$20.000.000.

acionistas como para com os investidores no mercado.[117] As regras estabelecidas na Lei de Sociedade por Ações para insider estão formalmente estabelecias nos parágrafos 1º, 2º, 3º e 4º do art. 155, que trata do dever de lealdade do administrador.[118]

Em outras palavras, a prática de insider pelo administrador é considerada uma prática desleal, mas a forma de evitá-la é pela regra de divulgação de informação.

Veremos a seguir os diversos tipos de informação que devem ser divulgados ao mercado, pelos administradores de sociedade por ações, e como isso se relaciona com a questão das políticas de sustentabilidade da empresa.

---

117 "No mercado de valores mobiliários, o dever de informar dos administradores é um dever de ser leal com seus acionistas e com o mercado, pois é a partir das informações por eles prestadas que se pode definir o valor das ações (ou de outros valores mobiliários) da companhia" (Colegiado CVM, PAS CVM RJ 2007/1079, voto do Diretor Pedro Oliva Marcílio de Souza, j. 4.7.2007).

118 "§ 1º Cumpre, ademais, ao administrador de companhia aberta, guardar sigilo sobre qualquer informação que ainda não tenha sido divulgada para conhecimento do mercado, obtida em razão do cargo e capaz de influir de modo ponderável na cotação de valores mobiliários, sendo-lhe vedado valer-se da informação para obter, para si ou para outrem, vantagem mediante compra ou venda de valores mobiliários.

§ 2º O administrador deve zelar para que a violação do disposto no § 1º não possa ocorrer através de funcionários ou terceiros de sua confiança.

§ 3º A pessoa prejudicada em compra e venda de valores mobiliários, contratada com infração do disposto nos §§ 1° e 2°, tem direito de haver do infrator indenização por perdas e danos, a menos que ao contratar já conhecesse a informação.

§ 4º É vedada a utilização de informação relevante ainda não divulgada, por qualquer pessoa que a ela tenha tido acesso, com a finalidade de auferir vantagem, para si ou para outrem, no mercado de valores mobiliários".

Informações sobre negociação dos administradores e pessoas ligadas

Aqui trataremos da obrigação que o administrador tem de informar seus interesses indiretos na companhia, mediante investimento em títulos e valores mobiliários emitidos por ela. Na assinatura do termo de posse, ele deve declarar o número de ações, bônus de subscrição, opções de compra de ações e debêntures conversíveis em ações, de emissão da companhia e de sociedades controladas (ou do mesmo grupo) de que seja titular. Tais informações também podem ser solicitadas a qualquer tempo, por acionistas que representem 5% ou mais do capital social.[119]

As informações prestadas pelo administrador podem ser declaradas por escrito e autenticadas pela mesa da assembleia geral ordinária relacionada. Uma cópia pode ser fornecida a quem o solicitar, e utilizada apenas no legítimo interesse da companhia ou do acionista. O acionista que abusar do seu direito à informação pode responder pelos atos praticados.

A Resolução CVM nº 44 de 23 de agosto de 2021, conforme alterada de tempos em tempos ("Resolução CVM 44"), traz as regras da autarquia, aplicáveis a esse tipo de situação, para companhias abertas. Segundo essa resolução,

---

119 Além do número dos valores mobiliários de emissão da companhia ou de sociedades controladas, ou do mesmo grupo, que tiver adquirido ou alienado, diretamente ou através de outras pessoas, no exercício anterior, o administrador pode ser chamado a informar sobre: (i) as opções de compra de ações que tiver contratado ou exercido no exercício anterior; (ii) os benefícios ou vantagens, indiretas ou complementares, que tenha recebido, ou esteja recebendo, da companhia e de sociedades coligadas, controladas ou do mesmo grupo; (iii) as condições dos contratos de trabalho que tenham sido firmados pela companhia com os diretores e empregados de alto nível; e (iv) quaisquer atos ou fatos relevantes nas atividades da companhia.

diretores, membros do conselho de administração e outros profissionais com funções técnicas ou consultivas devem informar sobre suas negociações e titularidade de valores mobiliários emitidos pela própria companhia, suas controladoras ou controladas.

Essas regras têm, como objetivo principal, assegurar a transparência e a integridade do mercado de capitais, proporcionando informações cruciais sobre as operações realizadas por esses indivíduos. Além disso, a abrangência da comunicação inclui não apenas as transações diretas de ações, mas também negociações, envolvendo derivativos e outros valores mobiliários vinculados aos emitidos pela companhia. Adicionalmente, é necessário prestar informações também sobre valores mobiliários detidos por cônjuges, companheiros, dependentes e sociedades controladas pelos indivíduos mencionados acima. O conteúdo mínimo de comunicação envolve detalhes sobre os comunicantes, quantidade e características dos valores mobiliários negociados, bem como informações sobre a forma de aquisição ou alienação, preço e data das transações. Essa comunicação deve ser realizada em prazos rigorosos, incluindo a notificação imediata após cada transação, no início do exercício de cargos relevantes e durante o processo de registro da companhia na CVM. A responsabilidade pela transmissão dessas informações recai sobre o diretor de relações com investidores.

As modificações nas posições acionárias detidas pelo administrador, na companhia, também devem ser informadas, na forma da regulamentação da CVM, a esta e às bolsas de valores ou entidades do mercado de balcão organizado nas quais os valores mobiliários de emissão da companhia estejam admitidos à negociação. Segundo a Resolução CVM 44, qualquer alteração nas informações divulgadas sobre o assunto deve ser prontamente comunicada à companhia, no prazo de até quinze dias.

A Resolução CVM 44 também estabelece obrigações relacionadas à divulgação de informações por parte dos acionistas controladores, diretos ou indiretos, bem como outros grupos de pessoas que realizam *negociações relevantes* em companhias abertas. As informações que devem ser fornecidas incluem nome, qualificação, número de inscrição no Cadastro Nacional de Pessoas Jurídicas ou no Cadastro de Pessoas Físicas, objetivo da participação, quantidade pretendida de ações, detalhes sobre acordos ou contratos relacionados ao direito de voto e aquisições de direitos sobre ações e instrumentos financeiros derivativos referenciados em ações. Além disso, se o acionista for residente ou domiciliado no exterior, é necessário fornecer informações sobre seu representante legal no país.

A noção de "negociação relevante" é crucial nessas regras e se refere a negócios que resultam em mudanças nas participações acionárias que ultrapassam determinados limites; no caso, 5%, 10%, 15% (e assim por diante) do capital social da companhia. Essas obrigações também se aplicam à aquisição de direitos sobre ações e instrumentos financeiros derivativos relacionados a essas ações, mesmo que não haja liquidação física.

A comunicação dessas informações deve ser feita imediatamente após atingir a participação mencionada nos limites estabelecidos. Em casos em que a aquisição tem como objetivo alterar o controle ou a estrutura administrativa da sociedade — ou quando gera a obrigação de uma oferta pública —, o adquirente deve também realizar a divulgação de informações por meio dos canais de comunicação habituais da companhia. O diretor de relações com investidores é o responsável por transmitir essas informações à CVM e às entidades administradoras dos mercados onde as ações da companhia são negociadas.

Informações sobre fatos relevantes

Por outro lado, a regra da Lei de Sociedade por Ações também trata do dever de divulgar,[120] além de qualquer deliberação da assembleia geral ou dos órgãos de administração da companhia, fato relevante que possa influir, de modo ponderável, na decisão dos investidores do mercado de vender ou comprar valores mobiliários emitidos pela companhia. Essa informação deve ser prestada imediatamente para a bolsa na qual o valor mobiliário é negociado e, pela imprensa, para o público em geral.

---

120 Divulgação e publicação são duas coisas diferentes. A ata da assembleia geral ordinária, da assembleia geral extraordinária que reforme o estatuto e das reuniões do conselho de administração que contiverem deliberação destinada a produzir efeitos perante terceiros, bem como as demonstrações financeiras da companhia, deverão ser sempre publicadas no órgão oficial de imprensa e em jornal de grande circulação. As companhias de capital aberto também têm regras de publicação de documentos na sua página da internet. O art. 289 da Lei de Sociedade por Ações, que trata das publicações, refere-se a um destinatário diferente da divulgação (EIZIRIK, op. cit., p. 188).

A Resolução CVM 44 estabelece critérios fundamentais para determinar a relevância de informações em empresas de capital aberto. Segundo a resolução, são considerados relevantes os eventos, decisões ou fatos de natureza político-administrativa, técnica, negocial ou econômico-financeira que possam impactar de maneira significativa: (I) a cotação dos valores mobiliários emitidos pela empresa ou a eles relacionados; (II) as decisões dos investidores de comprar, vender ou manter esses valores mobiliários; ou (III) as decisões dos investidores de exercer quaisquer direitos relacionados aos valores mobiliários da empresa. Isso abrange uma ampla gama de eventos, desde mudanças no controle acionário até informações sobre lucros, prejuízos, acordos e outros fatores que possam influenciar as decisões dos investidores.

A resolução também lista exemplos de eventos que podem ser potencialmente relevantes, como a transferência de controle acionário, mudanças na administração, negociações de valores mobiliários em mercados nacionais e estrangeiros, fusões, incorporações, divulgação de resultados financeiros, entre outros.

É obrigação do diretor de relações com investidores comunicar à CVM (e, se aplicável, às entidades que supervisionam os mercados onde os valores mobiliários da empresa são negociados) sobre qualquer evento ou fato relevante. As informações devem ser divulgadas de forma clara e precisa, em linguagem acessível aos investidores, por meio de canais como jornais de grande circulação ou portais de notícias na internet.

Além disso, a resolução estabelece exceções à imediata divulgação de informações relevantes, permitindo que os acionistas controladores ou administradores deixem de divulgar informações em casos nos quais sua revelação possa prejudicar um interesse legítimo da empresa. No entanto, essas informações devem ser divulgadas imediatamente, se escaparem ao controle, ou se houver oscilações atípicas nos valores mobiliários da empresa. A CVM pode também decidir sobre a divulgação de informações que tenham sido inicialmente retidas, caso seja solicitado por administradores, acionistas ou por iniciativa própria.

Infrações e restrições

A Resolução CVM 44 traz algumas regras sobre infrações e vedações relacionadas. O artigo 13 estabelece, de forma categórica, a proibição do uso de informações relevantes ainda não divulgadas para obter vantagens financeiras, por meio da negociação de valores mobiliários (o crime de *insider trading* que já mencionamos). Essa proibição é abrangente e se aplica a qualquer pessoa que tenha acesso a tais informações privilegiadas.

Está implícito, na regra, que deve haver um nexo profissional entre as informações utilizadas e a pessoa que se beneficiou delas. Então, apenas aquele que, no exercício de atividade profissional para a companhia, teve acesso à informação (administradores, auditores, assessores financeiros, analistas etc.) pode ser considerado *insider*.[121]

---

[121] EIZIRIK, op. cit., 2021, p. 156. No mesmo sentido, parágrafo 1º do art. 27-D da Lei nº 6.385: "Incorre na mesma pena quem repassa informação sigilosa relativa a fato relevante a que tenha tido acesso <u>em razão de cargo ou posição que ocupe em emissor de valores mobiliários ou em razão de relação comercial, profissional ou de confiança</u> com o emissor" (grifo nosso).

Também é importante destacar que a regulamentação cria presunções que facilitam a comprovação desse ilícito, como a presunção de que um investidor que tenha informações relevantes não divulgadas fez uso dessas informações na negociação de valores mobiliários.

Além disso, a regulamentação aborda exceções importantes, como a aquisição de ações de tesouraria e negociações de valores mobiliários de renda fixa em certas condições específicas. Essas exceções são relevantes para permitir operações legítimas que não envolvam uso indevido de informações privilegiadas.

Já o artigo 14 estabelece um período de vedação de quinze dias antes da divulgação das informações contábeis trimestrais e das demonstrações financeiras anuais da companhia. Durante esse período, a companhia, acionistas controladores, diretores e outros indivíduos-chave ficam proibidos de negociar valores mobiliários emitidos pela companhia. Isso é fundamental para evitar negociações baseadas em informações que ainda não se tornaram públicas, o que poderia distorcer o mercado e criar assimetria de informação entre os investidores. No entanto, a regulamentação também prevê exceções para essa regra, como negociações que visam cumprir obrigações preexistentes e operações realizadas por instituições financeiras dentro de parâmetros definidos pela política de negociação da companhia. Essas exceções garantem que as operações legítimas continuem sem interrupção, desde que não haja abuso de informações privilegiadas.

Na mesma linha, a Resolução CVM nº 62, de 19 de janeiro de 2022, estabelece diretrizes e proibições relacionadas às práticas que visam criar condições artificiais de demanda, oferta ou preço de valores mobiliários, bem como manipular preços, realizar operações fraudulentas e utilizar práticas não equitativas no mercado de valores mobiliários.

O artigo 1º da Resolução define o escopo da regulamentação, enfatizando a importância de evitar comportamentos que possam distorcer o funcionamento justo e transparente do mercado financeiro. Ele proíbe expressamente a criação de condições artificiais de mercado, manipulação de preços, operações fraudulentas e práticas não equitativas.

No artigo 2º são apresentadas definições claras para cada uma dessas práticas vedadas. Condições artificiais de demanda, oferta ou preço referem-se a qualquer manipulação do fluxo de ordens de compra e venda de valores mobiliários. Manipulação de preços diz respeito a quaisquer estratégias destinadas a influenciar as cotações dos valores mobiliários, com o intuito de induzir outros investidores a comprar ou vender. Operações fraudulentas envolvem o uso de artifícios para enganar terceiros, com o propósito de obter vantagens ilícitas. Práticas não equitativas se referem a qualquer ação que coloque uma parte em uma posição de desequilíbrio ou desigualdade em relação aos demais participantes do mercado.

Finalmente, no Capítulo II, a Resolução estabelece que a criação de condições artificiais, manipulação de preços, operações fraudulentas e práticas não equitativas são estritamente proibidas para administradores, acionistas de companhias abertas, intermediários e outros participantes do mercado de valores mobiliários.

A Resolução também destaca a gravidade dessas infrações, classificando-as como graves, para fins da Lei nº 6.385.[122]

Informações periódicas e eventuais e políticas ESG

Muito ainda poderia ser dito sobre esse assunto, mas, para os fins deste trabalho, o mais importante é discutir as regras de informação relacionadas com as políticas de ESG da companhia.

Assim, além das regras da Lei de Sociedade por Ações e da Resolução CVM 44, a Resolução nº 80 da CVM, de 29 de março de 2022 ("Resolução CVM 80"), trata do registro e da prestação de informações eventuais e periódicas de emissores de valores mobiliários no mercado e traz um rol mais abrangente de informações que devem ser divulgadas a mercado, inclusive a prestação de informações sobre as políticas ambientais da companhia, em particular no que diz respeito à adoção das práticas recomendadas pelo Código Brasileiro de Governança Corporativa. O seu objetivo principal é estabelecer um padrão de transparência, clareza e integridade na

---

[122] Infração grave pode sujeitar o infrator a (i) inabilitação temporária, até o máximo de vinte anos, para o exercício de cargo de administrador ou de conselheiro fiscal de companhia aberta, de entidade do sistema de distribuição ou de outras entidades que dependam de autorização ou registro na CVM; (ii) suspensão da autorização ou registro para o exercício das atividades no mercado de capitais; (iii) inabilitação temporária, até o máximo de vinte anos, para o exercício das atividades no mercado de capitais; (iv) proibição temporária, até o máximo de vinte anos, de praticar determinadas atividades ou operações, para os integrantes do sistema de distribuição ou de outras entidades que dependam de autorização ou registro na CVM; ou (v) proibição temporária, até o máximo de dez anos, de atuar, direta ou indiretamente, em uma ou mais modalidades de operação no mercado de valores mobiliários. Além disso, a Resolução CVM nº 45 estabelece que o valor máximo da pena-base pecuniária para esse tipo e crime é de R$20.000.000.

comunicação entre empresas emissoras de valores mobiliários, investidores e o mercado financeiro em geral.

Uma das principais obrigações impostas pela Resolução CVM 80 é a exigência de que os emissores de valores mobiliários no mercado de capitais forneçam informações verídicas, completas e consistentes. Afinal, a confiabilidade das informações é fundamental para a credibilidade do mercado.

Outro ponto relevante é a ênfase na simplicidade e na clareza da linguagem utilizada na divulgação das informações. Isso é essencial para que investidores de diferentes níveis de conhecimento possam compreender facilmente os dados disponibilizados. A Resolução CVM 80 busca evitar ambiguidades que possam levar a interpretações errôneas.

Além disso, a resolução reforça a importância da disseminação equitativa e simultânea das informações para todos os participantes do mercado. Isso assegura que nenhum investidor tenha uma vantagem injusta em relação a outros, devido ao acesso privilegiado a informações.

Nesse sentido, a Resolução CVM 80 estabelece que uma companhia de capital aberto está sujeita à divulgação de uma série de informações periódicas[123] e eventuais.[124]

---

123 As principais informações periódicas, dentre outras, são: (i) formulário cadastral; (ii) formulário de referência; (iii) demonstrações financeiras; (iv) formulário de demonstrações financeiras padronizadas–DFP; (v) formulário de informações trimestrais–ITR; (vi) edital de convocação da assembleia geral ordinária, em até 15 (quinze) dias antes da data marcada para a realização da assembleia geral ordinária ou no mesmo dia de sua primeira publicação, o que ocorrer primeiro; (vii) proposta da administração sobre os temas a serem deliberados em assembleias gerais ordinárias, nos termos e prazos estabelecidos em norma específica; (viii) sumário das decisões tomadas na assembleia geral ordinária, no mesmo dia da sua realização; (ix) ata da assembleia geral ordinária, em até 7 (sete) dias úteis de sua realização, acompanhada das eventuais declarações de voto, dissidência ou protesto; e (x) informe sobre o Código Brasileiro de Governança Corporativa–Companhias Abertas (art. 22 da Resolução CVM nº 80).

124 A lista de informações eventuais completas é muito extensa e varia conforme a categoria de registro na CVM do emissor. Elas estão estabelecidas nos artigos 33 e 34 da Resolução CVM nº 80.

A informação eventual mais relevante é o fato relevante. Com relação à informação periódica, o que mais nos interessa aqui é o formulário de referência, que é um documento eletrônico essencial para a comunicação eficaz entre emissores de valores mobiliários, investidores e o mercado como um todo. A sua função primordial é refletir o conteúdo estabelecido no Anexo C da Resolução, fornecendo uma estrutura organizada para que as empresas emissoras possam apresentar informações relevantes sobre suas atividades e situação financeira.

O emissor deve entregar uma versão atualizada do formulário de referência anualmente, dentro de um prazo de até cinco meses a partir do encerramento do exercício social. Isso garante que o mercado e os investidores tenham acesso regular a informações atualizadas sobre a empresa. Além disso, existem situações específicas que requerem uma atualização imediata, por parte do emissor, do formulário de referência — como alterações na composição da administração; variações significativas na estrutura acionária; emissões de novos valores mobiliários e eventos como fusões, cisões ou declarações de falência. Essa atualização é necessária para que o mercado esteja ciente de mudanças relevantes na empresa, que possam afetar suas operações e perspectivas.[125]

No final de 2021, a CVM incluiu uma série de informações relacionadas com as práticas e políticas de sustentabilidade das companhias dentro das informações do formulário de refe-

---

[125] É importante destacar que a categoria de registro do emissor, seja A ou B, determina os prazos para atualização do formulário de referência em relação a eventos específicos. As empresas registradas na categoria A têm um prazo mais curto para atualizar as informações, refletindo a maior relevância e visibilidade desse grupo no mercado.

rência. Assim, em relação a informações ESG, o documento deve informar, entre outras coisas: se (i) o emissor divulga informações ESG em relatório anual ou outro documento específico para esta finalidade; (ii) se o relatório ou documento considera os Objetivos de Desenvolvimento Sustentável (ODS) estabelecidos pela Organização das Nações Unidas e quais são os ODS materiais para o negócio da empresa.

Ademais, a companhia deve descrever as principais características dos seus órgãos de administração e do conselho fiscal, identificando: (i) o número total de membros, agrupados por identidade autodeclarada de gênero; (ii) o número total de membros, agrupados por identidade autodeclarada de cor ou raça, e (iii) o número total de membros, agrupados por outros atributos de diversidade que o emissor entenda relevantes. Regras semelhantes se aplicam às informações dos recursos humanos da empresa: informações sobre os empregados que abranjam identidade autodeclarada de gênero, cor ou raça, faixa etária e outros indicadores de diversidade.

A regra também estabelece informações sobre as diferenças de remuneração internas da empresa, tendo dados sobre a razão entre (i) a maior remuneração individual reconhecida no resultado da companhia no último exercício social, incluindo a remuneração de administrador estatutário, se for o caso, e (ii) a mediana da remuneração individual dos empregados do emissor, no Brasil, desconsiderando-se a maior remuneração individual, conforme reconhecida em seu resultado no último exercício social. Finalmente, há informações sobre as relações entre a empresa e os sindicatos.

Além disso, a CVM incluiu, entre as informações periódicas, o informe sobre o Código Brasileiro de Governança Corporativa. Ele deve ser entregue em até sete meses, contados da data de encerramento do exercício social, pelo emissor que, cumulativamente, esteja registrado na categoria A, possua valores mobiliários admitidos à negociação, em mercado de bolsa, por entidade administradora de mercado organizado, e possua ações ou certificados de depósito de ações em circulação.

O informe traz informações da companhia sobre cada um dos princípios do código. Eles versam, entre outras coisas, sobre a ação,[126] os acionistas,[127] inclusive o controlador[128] e os órgãos de administração da empresa.[129]

Em resumo, a Resolução CVM 80 desempenha um papel fundamental na regulamentação das práticas de divulgação de informações no mercado de capitais, promovendo a transparência, a confiabilidade e a igualdade de acesso às informações, elementos essenciais para um mercado eficiente e justo. A regra ainda diz que, no caso da não adoção das

---

126 Cada ação deve dar direito a um voto.
127 A administração deve buscar o engajamento dos acionistas, favorecer a presença em assembleia geral e o correto entendimento das matérias a serem deliberadas, bem como facilitar a indicação e eleição de candidatos ao conselho de administração e conselho fiscal.
128 A orientação das atividades da companhia pelo acionista controlador, de modo que atenda ao interesse público que justificou a criação da sociedade de economia mista, deve ser conciliada com os interesses dos demais acionistas e investidores nos valores mobiliários da companhia.
129 O conselho de administração deve ter membros de perfil diversificado, número adequado de conselheiros independentes e tamanho que permita a criação de comitês, o debate efetivo de ideias e a tomada de decisões técnicas (isentas e fundamentadas). O processo de indicação e preenchimento de cargos de diretoria e posições gerenciais deve visar à formação de um grupo alinhado aos princípios e valores éticos da companhia, tendo em vista a diversidade (inclusive, de gênero), almejando sua ocupação por pessoas com competências complementares e habilitadas para enfrentar os desafios da companhia.

práticas recomendadas ou da sua adoção de forma parcial, a companhia deve apresentar a justificativa do emissor sobre o assunto. Em outras palavras, a CVM adotou o princípio "pratique ou explique", segundo o qual, se a companhia não aplicar um dos princípios de boa prática de governança corporativa (como a adoção de medidas de proteção do meio ambiente), ela deve explicar os motivos dessa decisão.

A divulgação ao mercado ou entrega à CVM de informações falsas, incompletas, imprecisas ou que induzam o investidor a erro é uma infração considerada grave para os efeitos do § 3º do art. 11 da Lei nº 6.385 e pode sujeitar o infrator (companhia e administradores) às penas ali previstas.

Em linha com as novas regras da CVM, no dia 20 de julho de 2023, a B3 divulgou a nova versão do seu Regulamento de Emissores (que entrou em vigor em 19 de agosto do mesmo ano). O Anexo B desse documento estabelece medidas relacionadas a questões Ambientais, Sociais e de Governança Corporativa (ASG)[130] que devem ser seguidas pelas empresas listadas na B3, com base no modelo "pratique ou explique". Essas medidas não substituem outras normas da B3 relacionadas a ASG.

As empresas devem demonstrar conformidade com essas medidas, apresentando evidências de adoção ou justificativas para a não adoção no formulário de referência, seguindo os prazos estipulados. Se houver alterações que afetem a adoção das medidas, as justificativas correspondentes devem ser apresentadas durante a atualização obrigatória do formulário de referência.

---

130   O termo ASG, neste contexto, abrange critérios sociais, incluindo diversidade, inclusão e equidade.

Uma das medidas ASG envolve a composição da administração, exigindo que as empresas nomeiem, pelo menos, uma mulher e um membro de uma comunidade sub-representada, como uma pessoa preta, parda, indígena, LGBTQIA+ ou com deficiência, com base em autodeclaração.[131] Essa medida deve ser adotada ou justificada, no caso de companhias não listadas, um ano depois da listagem, para ao menos um dos critérios. E, do segundo ano subsequente à listagem, para ambos os critérios. No caso de companhias já listadas: em 2025, para um dos critérios, e, em 2026, para ambos os critérios.

Outra medida ASG requer que as empresas estabeleçam requisitos ASG para a nomeação de membros da administração em seu estatuto social ou política de indicação, incluindo critérios de complementaridade de experiências, diversidade em gênero, orientação sexual, raça, idade e inclusão de pessoas com deficiência. Além disso, as empresas devem vincular indicadores de desempenho ASG à remuneração variável dos administradores. Essas medidas devem ser implementadas ou justificadas no primeiro ano após a listagem (para empresas não listadas) ou em 2025 (para empresas listadas).

Finalmente, cabe dizer que muitas empresas fechadas (incluindo sociedades limitadas) estão elaborando balanços sociais voluntários sobre suas atividades ESG. Esses balan-

---

131 Segundo esse critério, "mulher" seria qualquer pessoa que se identifique com o gênero feminino, não importando o sexo designado em seu nascimento; "membro de comunidade sub-representada", qualquer pessoa que seja "preta", "parda" ou "indígena", segundo classificação apresentada pelo IBGE; integrante da comunidade LGBTQIA+ ou pessoa com deficiência, nos termos da Lei 13.146/2015, incluindo pessoas com "impedimento de longo prazo de natureza física, mental, intelectual ou sensorial, o qual, em interação com uma ou mais barreiras, pode obstruir sua participação plena e efetiva na sociedade em igualdade de condições com as demais pessoas".

ços surgiram na década de 1960, nos Estados Unidos, para que a sociedade pudesse identificar empresas que estavam ligadas à Guerra do Vietnã. Já em 1977, a França instituiu a obrigatoriedade de publicação de balanços sociais pelas empresas com mais de trezentos funcionários.

Aqui no Brasil, dois projetos que estavam em tramitação no Congresso Nacional, regulamentando o balanço social das empresas com mais de cem empregados, ou para todas as empresas de controle estatal (Projeto de Lei 3.116/97 e Projeto de Lei 32/99), foram arquivados — e essa questão, hoje, está voltada mais para a autorregulação do mercado do que para uma regra estatal.[132]

Em 6 de setembro de 2004, por exemplo, o Conselho Federal de Contabilidade aprovou uma resolução (NBC T 15) que estabelece procedimentos para evidenciação de informações de natureza social e ambiental no balanço das empresas. Falaremos mais sobre esse assunto na conclusão deste livro.

Regras internacionais

Além das regras locais que foram desenvolvidas pela CVM (em grande parte, baseadas em experiências internacionais), recomendações importantes têm sido feitas pelas *International Sustainability Standards Board* (ISSB).[133]

---

132 TOMASEVICIUS FILHO, op. cit., p. 46.
133 IFRS. ISSB issues inaugural global sustainability disclosure standards. Disponível em: https://www.ifrs.org/news-and-events/news/2023/06/issb-issues-ifrs-s1-ifrs-s2/. Acesso em: 01 fev. 2024.

Em 2023, o ISSB, que é um grupo ligado ao *International Accounting Standards Board* (IASB) e faz parte da Fundação IFRS (IFRS *Foundation*), divulgou suas primeiras regras para empresas informarem sobre suas estratégias de sustentabilidade.[134] Essas regras são chamadas de IFRS S1 e IFRS S2.

O IFRS S1 contém instruções para as empresas mostrarem aos investidores os riscos e as oportunidades relacionados à sustentabilidade a curto, médio e longo prazo. O IFRS S2 exige que as empresas revelem informações específicas sobre o clima e é usado junto com o IFRS S1.

Em 20 de outubro de 2023, a CVM emitiu a Resolução nº 193 sobre o assunto. A resolução aprovada considera uma série de fatores relevantes, destacando-se a recomendação da Organização Internacional das Comissões de Valores Mobiliários (IOSCO) para que as jurisdições adotem as normas de divulgação de informações de sustentabilidade emitidas pelo ISSB. Isso se baseia na percepção de que essas normas oferecem um arcabouço global eficaz para informar investidores e auxiliar os mercados financeiros a avaliarem os riscos e as oportunidades relacionados à sustentabilidade.

Uma das principais motivações por trás dessa resolução é a necessidade de harmonizar as práticas de divulgação de informações de sustentabilidade, no Brasil, com os padrões internacionais, a fim de aumentar a transparência, a confiabilidade, a consistência e a comparabilidade dessas informações. Isso facilitaria o acesso das empresas nacionais a fontes de

---

134 Ibidem.

financiamento internacionais e promoveria a interoperabilidade global.

Além disso, essa resolução aborda a urgência de tornar transparentes os riscos e as oportunidades relacionados à sustentabilidade, no mercado de capitais, contribuindo para o desenvolvimento de uma economia sustentável e regenerativa. Também enfatiza a importância da divulgação das políticas e dos procedimentos das entidades, para enfrentar e mitigar os impactos das mudanças climáticas e dos riscos sociais e ambientais.

A Resolução nº 193 estabelece um cronograma em que as companhias abertas, fundos de investimento e securitizadora têm a opção voluntária de aderirem às normas do ISSB a partir de janeiro de 2024, com uma transição para a obrigatoriedade a partir de janeiro de 2026 para as companhias abertas. Os relatórios financeiros de sustentabilidade devem ser apresentados de forma segregada das demais informações da entidade e arquivados, eletronicamente, na CVM. Eles serão auditados por uma empresa independente, com diferentes níveis de asseguração ao longo do tempo.

Em conclusão, as regras de *disclosure* desempenham um papel fundamental nas melhores práticas de governança corporativa. Ela permite que acionistas bem informados, principalmente os minoritários, possam monitorar, de forma eficiente, os administradores no cumprimento de seus deveres e obrigações. Além disso, ela também submete a empresa ao escrutínio do mercado.

Essa supervisão do mercado aos negócios da empresa pode trazer uma série de benefícios, como o controle da remuneração dos administradores e de suas políticas de capacitação de recursos e investimento.[135]

Hoje em dia, a divulgação das políticas ESG (ou a explicação de sua ausência) é um instrumento importante de incentivo e fiscalização por parte dos acionistas e do mercado. Indica o cumprimento, pela empresa e por seus administradores, de sua função social.

---

135 EIZIRIK, op. cit., p. 181-182.

ESG E RESPONSABILIDADE DOS ADMINISTRADORES NOS MERCADOS FINANCEIRO E DE CAPITAIS

"We focus on sustainability not because we're environmentalists, but because we are capitalists and fiduciaries to our clients."

Larry Fink - The Power of Capitalism
(carta aos CEOs 2022)

A crescente preocupação com questões ambientais, sociais e de governança (ESG) tem impulsionado a discussão, no Brasil, sobre políticas de sustentabilidade e responsabilidade dos administradores nos mercados financeiro e de capitais. Nos últimos anos, o país testemunhou uma mudança significativa na percepção das empresas e dos investidores em relação à importância de adotarmos práticas sustentáveis e éticas nas operações. Esse contexto reflete um movimento global, em que o desempenho financeiro de uma empresa está cada vez mais ligado à sua responsabilidade em relação ao meio ambiente, à sociedade e à governança.

Os investidores, tanto nacionais como internacionais, estão direcionando seus recursos para empresas que demonstram um compromisso genuíno com a sustentabilidade e a responsabilidade social. Isso tem levado as empresas brasileiras a adotarem políticas mais rigorosas de ESG, visando atrair investidores e acessar as fontes de financiamento que valorizam esses critérios.

Além disso, reguladores e órgãos governamentais têm desempenhado um papel fundamental na promoção dessas políticas, estabelecendo diretrizes e regulamentações que incentivam as empresas a adotarem práticas mais sustentáveis.

No mercado financeiro brasileiro, instituições como bancos, fundos de investimento e corretoras também estão incorporando critérios ESG em suas estratégias de investimento. Isso não apenas atende às demandas dos investidores conscientes, mas também ajuda a mitigar riscos associados a questões ambientais e sociais que possam afetar o desempenho dos ativos financeiros. Os administradores dessas instituições desempenham um papel fundamental na implementação e execução dessas políticas, garantindo que os investimentos sejam feitos de forma responsável e sustentável.

Além disso, a relação entre empresas e a sociedade tem se intensificado, à medida que as expectativas do público em relação à responsabilidade corporativa aumentam. Os administradores de empresas no mercado de capitais brasileiro estão cada vez mais conscientes de que a reputação e o sucesso de suas organizações estão intrinsicamente ligados à forma como eles abordam as questões ESG. Portanto, a promoção da sustentabilidade e da responsabilidade social tornou-se não apenas uma escolha ética, mas também uma estratégia de negócios fundamental para o sucesso a longo prazo.

Administradores de carteira de valores mobiliários e ESG

A administração de carteira de valores mobiliários é uma profissão regulamentada pela CVM (mais especificamente pela Resolução CVM nº 21 de 25 de fevereiro de 2021, conforme alterada ("Resolução CVM 21")). Ela é uma atividade profissional que envolve o gerenciamento de investimentos no mercado financeiro, com o objetivo de atender aos interesses dos clientes. Os administradores de carteiras devem agir com boa-fé, transparência, diligência e lealdade em relação aos seus clientes.

Existem duas categorias de registro para os administradores de carteiras: administrador fiduciário e gestor de recursos.

Os administradores de carteira podem se registrar em cada uma delas, separadamente, ou nas duas, em conjunto.

O administrador fiduciário pode ser uma instituição financeira, uma empresa com recursos sob administração acima de um certo valor, ou uma pessoa jurídica que atue exclusivamente em determinados tipos de fundos de investimento (como fundos de investimento de participação e seus correlatos).

Os administradores fiduciários devem cumprir requisitos específicos, como manter valores mínimos de patrimônio líquido e disponibilidades e fornecer informações detalhadas sobre a política de investimentos, remuneração, riscos e outras atividades que o administrador exerça no mercado, evitando conflitos de interesse. Ele pode exercer qualquer atividade relacionada, direta ou indiretamente, ao funcionamento e à manutenção de uma carteira de valores mobiliários, exceto a sua gestão. A gestão só pode ser exercida por pessoa registrada na categoria "gestor de recursos", mas sem todas as responsabilidades do administrador fiduciário.

Para obter e manter a autorização da CVM, os administradores de carteiras (pessoa natural ou pessoa jurídica) devem atender a vários requisitos, incluindo ser residente ou ter sede no Brasil, serem graduados em curso superior, terem reputação ilibada e atenderem a exames de certificação aprovados pela CVM.

No caso de pessoa jurídica, esta deve atribuir a responsabilidade pela administração de carteiras de valores mobiliários (e o cumprimento de regras, políticas, procedimentos e controles internos) a um ou mais diretores estatutários, autorizados a exercerem a atividade pela CVM.

Os diretores responsáveis pelas atividades de administração de carteiras devem exercer suas funções com independência e não podem atuar em outras atividades que comprometam sua autonomia no mercado de capitais. Além disso, os administradores devem manter registros detalhados de suas operações, proteger seus recursos computacionais contra adulterações e comunicar a CVM em caso de mudança nas suas funções.

Grande parte do trabalho dos administradores de carteiras de valores mobiliários, hoje, está ligada à indústria de fundos. Até maio de 2022, o Brasil contava com mais de 27 mil fundos disponíveis para investimento, com um patrimônio total de mais de R$ 7 trilhões de reais (contra apenas R$ 25 bilhões em 1972, o dado mais antigo da ANBIMA). Em abril de 2022, o Brasil contava com quase 31,5 milhões de investidores.[136]

---

136 CARLOS, Ruan. Números de Fundos de Investimentos disponíveis no Brasil. Investidor 10, 12 jun. 2022. Disponível em: https://investidor10.com.br/conteudo/numeros-de-fundos-de-investimentos/. Acesso em: ago. 2023.

	DADOS EM R$ MILHÕES - MAI/22			
PERÍODO	**FUNDOS DE INVESTIMENTO**		**FUNDOS EM COTAS**	
	PL	Variação % do PL no ano	PL	Variação % do PL no ano
dez/06	939.626,19		533.123,63	
dez/07	1.160.831,48	23,54	616.932,75	15,72
dez/08	1.126.616,85	(2,95)	575.020,35	(6,79)
dez/09	1.403.649,93	24,59	677.421,51	17,81
dez/10	1.671.906,93	19,11	792.365,12	16,97
dez/11	1.942.837,67	16,20	906.055,26	14,35
dez/12	2.272.338,38	16,96	1.102.117,99	21,64
dez/13	2.471.473,96	8,76	1.206.678,73	9,49
dez/14	2.693.573,82	8,99	1.350.625,01	11,93
dez/15	2.997.295,84	11,28	1.552.676,17	14,96
dez/16	3.492.139,82	16,51	1.861.518,83	19,89
dez/17	4.151.025,75	18,87	2.285.154,74	22,76
dez/18	4.640.502,08	11,79	2.617.728,03	14,55
dez/19	5.477.902,86	18,05	3.108.781,33	18,76
dez/20	6.090.939,05	11,19	3.319.939,02	6,79
dez/21	6.914.724,87	13,52	3.559.009,46	7,20
mai/22	7.162.037,63	3,58	3.619.492,63	1,70

Fonte: Relatório da ANBIMA

Regras locais: ANBIMA e CVM

Apesar do tamanho da indústria de fundos, no Brasil, segundo dados da ANBIMA, em agosto de 2023, apenas 52 deles enquadravam-se nos parâmetros da entidade como fundos ESG (que investem em ativos sustentáveis).[137]

Esses parâmetros foram documentados pela ANBIMA nas "Regras e Procedimentos para Investimentos e Ativos Sustentáveis", e somente os fundos que cumprem com os requisitos ali descritos podem ser considerados como ESG.

Essas regras se aplicam a diferentes tipos de fundos de investimento e referem-se à gestão de investimentos sustentáveis e à integração de questões ambientais, sociais e de governança (ESG) em seus processos.

As regras aplicam-se a vários tipos de fundos, incluindo fundos de renda fixa, fundos de ações, fundos multimercado, de índice (ETFs) e outros, que podem investir em ativos sustentáveis. Os termos "Investimento Sustentável" (IS) e "Questões ESG" são definidos e referem-se a considerações ambientais, sociais e de governança em investimentos. Fundos que atendem às regras podem incluir os sufixos "IS" ou "ESG" em seus nomes (razões sociais).

IS, por exemplo, é definido como "investimento com objetivo de proteger, contribuir, evitar danos ou degradações, gerar impacto positivo e/ou assegurar direitos

---

[137] ANBIMA. Fundos. Disponível em: https://data.anbima.com.br/fundos?page=1&size=20&asg=Sim,Relacionado. Acesso em: ago. 2023.

em questões sociais, ambientais e/ou de governança". Já *Questões ESG* são "políticas, práticas e/ou informações e/ou dados referentes a temas ambientais, sociais e de governança". As instituições que optarem por seguir essas regras devem identificar e gerir fundos conforme os critérios de IS e Questões ESG.

As regras da ANBIMA também estabelecem que o gestor do fundo deve demonstrar seu compromisso por escrito, descrevendo como o fundo vai considerar critérios sustentáveis e ESG em sua gestão. Além disso, devem ter uma estrutura organizacional adequada para cumprir as obrigações definidas.

Fundos IS e ESG devem seguir metodologias claras para a seleção de investimentos e integração de questões ESG em suas carteiras. Esses fundos devem divulgar, de forma transparente, suas estratégias ESG; seus métodos de seleção de ativos e os resultados alcançados. Eles podem investir a maior parte de seus recursos em outro fundo que atenda aos critérios IS ou ESG, desde que sigam diretrizes específicas.

Adicionalmente, a nova regulamentação da CVM sobre fundos de investimento, a Resolução CVM nº 175 de 23 de dezembro de 2022 ("Resolução CVM 175"), que entrou em vigor em outubro de 2023, traz um artigo a respeito dos fundos de investimento sustentável, que diz que o regulamento do fundo ESG deve explicar quais os benefícios ambientais, sociais ou de governança são esperados e como o investimento pretende alcançá-los.

Também devem ser informados: (i) quais métodos, princípios ou diretrizes são usados para avaliar e qualificar o fundo ou categoria, de acordo com a sua denominação; (ii) a entidade responsável por certificar a qualificação dos ativos investidos ou dar uma segunda opinião sobre eles, se aplicável, e detalhes sobre sua independência em relação ao fundo; e (iii) as informações sobre como e quando serão divulgados os relatórios que mostram os resultados obtidos nas áreas ambientais, sociais e de governança, bem como a identificação da pessoa ou grupo responsável por criar esses relatórios.

Finalmente, pelas regras em vigor, se o fundo considerar fatores ESG na gestão da carteira, mas não tiver como objetivo gerar benefícios socioambientais, não pode usar os termos ESG (ou afins) no seu nome. O regulamento deve abordar como esses fatores estão sendo integrados à política de investimento.

A principal preocupação, tanto da ANBIMA como da CVM, é que fundos de investimento utilizem a nomenclatura ESG sem, efetivamente, implementarem nenhum tipo de política nesse sentido. É o que chamamos, no mercado, de *greenwashing*.

Com a demanda crescente por esse tipo de investimento, inclusive de investidores pessoas físicas, a ANBIMA e agora a CVM, com a nova regulamentação de fundos de investimento, não querem que eles sejam iludidos com a ideia de que estão investindo em um título sustentável que não tem substância adequada.

Por essa razão, os fundos que quiserem ter a expressão ESG no seu nome devem se comprometer a adotar métodos, princípios ou diretrizes que avaliem, de forma adequada, o investimento ambiental ou social que está sendo feito — inclusive, quando for possível, com a certificação por terceiros.

Com as novas regras da CVM, a expectativa é que o número de fundos ESG aumente, nos próximos anos, no mercado brasileiro.

No âmbito internacional, há uma série de recomendações de boas práticas e guias, de diversas organizações ao redor do mundo, para a implementação de investimento sustentável. Mas há duas, em particular, que vale a pena destacar: os *Principles for Responsible Investment* e os princípios formulados pela *International Capital Markets Association* (ICMA).

Principles of Responsible Investment

Os Princípios para o Investimento Responsável (PRI)[138] são uma iniciativa originalmente promovida pela ONU, em 2006, para promover o investimento responsável, incentivando os investidores a considerarem fatores ambientais, sociais e de governança (ESG) em suas decisões de investimento.

Trata-se de um conjunto de seis princípios (que chamaremos simplesmente de "Princípios"), que os investidores podem seguir, integrando-os em suas estratégias, com o objetivo de criar práticas de investimento mais sustentáveis e éticas. A iniciativa PRI foi desenvolvida por um grupo internacional de investidores e é apoiada por várias organizações e instituições.

Esses seis Princípios para o Investimento Responsável oferecem ideias sobre como incluir aspectos como o meio

---

[138] Op. cit.

ambiente e questões sociais em decisões de investimento. São eles:

Princípio 1: incorporaremos questões ESG na análise de investimentos e nos processos de tomada de decisão. Em outras palavras, ao assinar os Princípios, os investidores se comprometem, publicamente, a adotá-los e implementá-los, desde que estejam em consonância com suas responsabilidades fiduciárias. Também se comprometem a avaliar a eficácia e melhorar o conteúdo dos PRI ao longo do tempo.

Princípio 2: seremos proprietários ativos e incorporaremos questões ESG em nossas políticas e práticas de propriedade. Aqui, o princípio diz respeito às estratégias ativistas na gestão dos ativos, que ainda vamos examinar com mais detalhes.

Princípio 3: buscaremos divulgação adequada sobre questões ESG pelas entidades nas quais investimos. Esse princípio é quase um desmembramento do Princípio 2. Ele prevê que o investidor apoiará e ajudará a investida na implementação de métodos de divulgação adequados para as suas práticas ESG. Veremos essa questão com mais detalhes na conclusão deste trabalho.

Princípio 4: promoveremos a aceitação e implementação dos Princípios na indústria de investimentos. Aqui, a ONU visa a disseminação de seus princípios na indústria, como um todo, através de um efeito multiplicador: cada entidade que implementar os PRI deve ajudar na promoção deles para os demais membros do mercado, para que eles atinjam, assim, o maior número possível de entidades.

Princípio 5: trabalharemos juntos para aumentar nossa eficácia na implementação dos Princípios. Novamente, um princípio que está ligado ao anterior, visando um trabalho conjunto de todos que implementaram os PRI em suas políticas, aumentando a eficácia deles na indústria como um todo.

Princípio 6: cada um de nós relatará nossas atividades e o progresso na implementação dos Princípios. De acordo com o Princípio 6, os signatários devem reportar seu progresso na implementação dos Princípios frente às suas metas e aos seus pares. No primeiro ano da implementação dos Princípios, os relatórios são voluntários, mas eles se tornam obrigatórios a partir do segundo ano. Uma vez submetido, o relatório será analisado e comentado pela PRI, permitindo uma constante melhora das práticas de cada signatário.

A instituição promovedora dos PRI ajuda os signatários na implementação dos seis princípios em um processo que vai desde uma discussão inicial sobre os desafios, passando por recomendações práticas (com guias técnicos e iniciais) e estudos de caso. As orientações são customizadas para cada classe de ativos envolvidos no processo.

O número de instituições que adotam os PRI vem crescendo rapidamente, e, em 2021, a instituição já possuía mais de 3500 signatários ao redor do mundo; incluindo diversos signatários no Brasil.

PRI signatory growth in 2020-2021

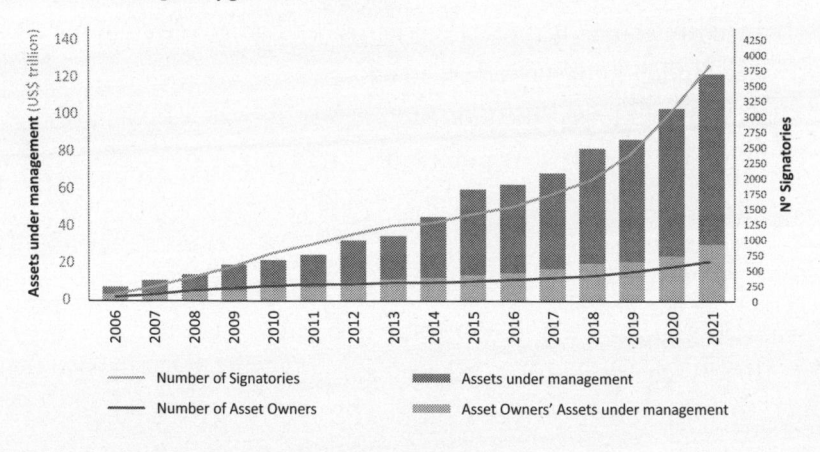

[Gráfico de barras mostrando o crescimento dos signatários do PRI de 2006 a 2021, com eixo esquerdo "Assets under management (US$ trillion)" de 0 a 140, eixo direito "N° Signatories" de 0 a 4250. Legenda: Number of Signatories, Number of Asset Owners, Assets under management, Asset Owners' Assets under management.]

Fonte: PRI. Disponível em: https://www.unpri.org/annual-report-2021/how-we-work/building-our-effectiveness/enhance-our-global-footprint. Acesso em: 1 fev. 2024.

Os princípios da ICMA

Outro guia importante para os investimentos sustentáveis foi elaborado pela *International Capital Markets Association* (ICMA).[139]

A ICMA é uma associação comercial internacional que representa instituições financeiras envolvidas nos mercados transfronteiriços de títulos, empréstimos e outros tipos de dívida. A ICMA oferece uma plataforma para seus membros discutirem e colaborarem em práticas de mercado, regulamentações e outras questões relacionadas. Seu objetivo

---

[139] ICMA. Principles. Disponível em: https://www.icmagroup.org/sustainable-finance/the-principles/. Acesso em: 1 fev. 2024.

é promover mercados internacionais de dívida eficientes e bem funcionais, fornecendo orientações, códigos de conduta e defendendo padrões de mercado.

No Brasil, os princípios da ICMA serviram de base para o guia da ANBIMA, publicado em 2020, que orienta as instituições financeiras na oferta pública de títulos de renda fixa relacionados aos critérios ESG.[140]

A elaboração do documento contou com a colaboração de um grupo de trabalho composto por representantes de instituições financeiras associadas, que estão envolvidas na estruturação de ofertas de títulos ESG. O objetivo do material é contribuir para o desenvolvimento do mercado; mas é importante destacar que o guia não faz parte das regras de autorregulação da ANBIMA, o que significa que não haverá supervisão sobre o cumprimento dessas orientações.

O guia tem, como propósito, educar o mercado, facilitando a compreensão do que envolve uma oferta pública relacionada ao ESG. Ele complementa o conhecimento existente, centrado nos investidores. De caráter inteiramente educativo, enfatiza a padronização das informações dos títulos e define os requisitos mínimos para classificação das ofertas de títulos como ESG.

Esses requisitos incluem a disponibilização de informações essenciais nos documentos de emissão, a divulgação obrigatória de dados adicionais, a apresentação periódica

---

[140] ANBIMA. Guia para ofertas de títulos ESG. Disponível em: https://www.anbima.com.br/data/files/52/25/36/43/9AA158103F642158882BA2A8/GUIA_PARA_OFERTAS_DE_TITULOS_ESG.pdf. Acesso em: 01 fev. 2024.

de relatórios e a avaliação das características ESG do ativo (realizada por entidades independentes).

Ao oferecer diretrizes claras para as instituições brasileiras na classificação de emissões de títulos como ESG, o guia desempenha um papel fundamental no estímulo ao crescimento sustentável das negociações de títulos verdes no país.

As instituições que adotarem as orientações do guia terão a possibilidade de informar esse compromisso durante o registro junto à ANBIMA. Isso possibilita a avaliação da adesão do mercado ao guia e a identificação de áreas passíveis de aprimoramento.

Estratégias ESG de investimento

As estratégias ESG tornaram-se um componente essencial nas decisões dos fundos de investimento em todo o mundo. Essas estratégias visam integrar considerações relacionadas ao meio ambiente, à responsabilidade social e à governança corporativa na escolha de ativos, alinhando os interesses dos investidores com as preocupações de sustentabilidade.

Uma das principais abordagens adotadas por fundos ESG é a seleção criteriosa de empresas que adotam práticas responsáveis e sustentáveis. Isso envolve a análise de métricas ESG, como emissões de carbono; diversidade de gênero no conselho de administração e práticas de gestão ética.

Além disso, fundos de investimento, frequentemente, envolvem-se em ativismo acionário, exercendo influência sobre as empresas nas quais investem, para melhorarem suas práticas

ESG. Isso pode incluir votações em assembleias de acionistas, para promover a transparência e a responsabilidade, ou o engajamento direto com a alta administração das empresas, exercendo pressão por mudanças positivas. Essa abordagem ativa visa não apenas a obtenção de retornos financeiros, mas também a promoção de um impacto social e ambiental positivo.

Por fim, a comunicação transparente é fundamental nas estratégias ESG de fundos de investimento. Os gestores desses fundos geralmente fornecem informações detalhadas sobre como os critérios ESG são aplicados em suas decisões e como isso afeta o desempenho da carteira. Isso permite que os investidores compreendam o impacto de suas escolhas de investimento e tomem decisões informadas, alinhadas a seus valores pessoais e metas financeiras.

Em resumo, as estratégias ESG de investimento de fundos de investimento estão moldando o cenário financeiro global, à medida que investidores buscam não apenas o retorno financeiro, mas também um mundo mais sustentável e socialmente responsável.

Vamos analisar, a seguir, algumas dessas estratégias e suas implicações nos investimentos e ativos dos fundos.

Filtros

Uma primeira estratégia de fácil utilização e implementada de forma relativamente constante pelos administradores é a utilização de filtros (positivos ou negativos) para empresas, indústrias e até mesmo países — que podem sofrer restrição de investimento. Para carteiras já existentes, por exemplo, filtros podem levar a decisões de desinvestimento em determinados ativos.

Os filtros (e os consequentes desinvestimentos) visam encarecer o custo de capital para as empresas que não adotam boas práticas de ESG e, assim, forçá-las a adotar um plano de ação para se adequarem a um projeto de sustentabilidade.

Um exemplo notável de um investidor desinvestindo de uma empresa devido a esses tipos de preocupações é o Fundo de Pensões do Governo da Noruega, também conhecido como *Norwegian Oil Fund*. Em 2020, o fundo desfez-se de várias empresas do setor de carvão. A decisão foi baseada em preocupações com o impacto ambiental da extração e queima de carvão, que contribuem significativamente para as emissões de gases de efeito estufa e mudanças climáticas. O desinvestimento foi aprovado pelo parlamento norueguês em 2019 e atingiu pelo menos oito companhias de carvão e 150 produtoras de petróleo. O plano de desinvestimento fez o fundo abandonar investimentos em carvão no valor estimado de US$ 6 bilhões. O fundo decidiu também se afastar de qualquer empresa que gere mais de 10 GW de eletricidade a partir do carvão ou extraia mais de 20 milhões de toneladas de carvão térmico por ano. O *Norwegian Oil Fund* é um dos maiores fundos soberanos do mundo e deu sinais significativos da crescente importância das práticas ESG nas decisões de investimento.[141]

---

[141] AMBROSE, Jillian. "World's biggest sovereign wealth fund to ditch fossil fuels". The Guardian, 12 jun. 2019. Disponível em: https://www.theguardian.com/business/2019/jun/12/worlds-biggest-sovereign-wealth-fund-to-ditch-fossil-fuels. Acesso em: ago. 2023.

A ideia é fazer com que essas empresas de carvão elaborem um plano de transição energética, para poderem voltar a receber recursos de investidores que utilizam esse tipo de filtro na indústria.

Outro tipo de filtro comumente aplicado é aquele relacionado a países ou negócios sujeitos a sanções internacionais, principalmente as impostas pelos Estados Unidos.[142] Tais sanções objetivam influenciar o comportamento de outros países, indivíduos ou entidades que o governo dos EUA perceba como ameaça à sua segurança nacional, sua política externa ou seus padrões de direitos humanos. Elas podem visar países, regiões ou indivíduos específicos e podem variar em seu escopo e gravidade.

A base para a imposição de sanções internacionais pelos Estados Unidos pode incluir: (i) preocupações de segurança nacional: o governo dos EUA pode impor sanções a países ou entidades que são vistos como uma ameaça aos interesses de segurança nacional dos EUA. Isso pode ser devido a ações como o patrocínio do terrorismo, o desenvolvimento de armas nucleares ou o envolvimento em atividades que desestabilizem regiões críticas para os interesses dos EUA; (ii) violações de direitos humanos: sanções podem ser impostas a países ou indivíduos que estejam envolvidos em abusos de direitos humanos ou ações que violem normas e padrões

---

142 A rigor, pela lei brasileira, as instituições nacionais não estão obrigadas a estabelecerem filtros para pessoas ou empresas sancionadas, apesar de isso ser considerado uma boa prática de mercado, no caso de instituições financeiras. Por outro lado, a Lei nº 13.810, de 8 de março de 2019, tornou exequíveis, no Brasil, todas as sanções impostas pelo Conselho de Segurança das Nações Unidas, incluída a indisponibilidade de ativos de pessoas naturais e jurídicas e de entidades membro.

internacionais; (iii) proliferação de armas: os Estados Unidos podem impor sanções a países ou entidades envolvidas na proliferação de armas de destruição em massa ou tecnologias relacionadas, que representem um risco à segurança global; (iv) disputas econômicas ou de política comercial: as sanções também podem ser usadas como uma ferramenta para lidar com desequilíbrios comerciais, práticas comerciais desleais ou para promover os objetivos da política econômica e comercial dos EUA; (v) segurança cibernética e crimes cibernéticos: sanções podem ser impostas a países ou entidades envolvidas em ataques cibernéticos, espionagem cibernética ou outros crimes cibernéticos direcionados aos interesses dos EUA; (vi) apoio a Estados considerados desonestos ou atores não estatais: o governo dos EUA pode impor sanções a países ou entidades que forneçam apoio, recursos ou financiamento a Estados desonestos ou atores não estatais que ameacem a estabilidade global; e (vii) violação do direito internacional: impostas a países ou entidades que violem o direito internacional ou se recusem a cumprir acordos internacionais.

Atualmente, temos alguns exemplos de sanções importantes impostas pelos Estados Unidos. Por exemplo, os Estados Unidos impuseram várias rodadas de sanções à Rússia, em resposta a suas ações na Ucrânia, ataques cibernéticos, abusos dos direitos humanos e interferência nos processos democráticos. Após a anexação da Crimeia pela Rússia, em 2014, os EUA e seus aliados impuseram sanções a indivíduos, empresas e setores russos, como energia e serviços financeiros. Após a interferência da Rússia nas eleições presidenciais dos EUA, em 2016, sanções adicionais foram impostas a entidades e indivíduos russos.

É importante observar que os Estados Unidos geralmente implementam sanções em coordenação com outros países ou organizações internacionais, como as Nações Unidas. As sanções podem assumir várias formas, incluindo congelamento de ativos, restrições comerciais, proibições de viagens e restrições financeiras.

Muitos investidores adotam essas sanções como parâmetros para filtros de seus investimentos. Assim, por exemplo, investimento no Irã, na Rússia e na Venezuela, bem como em empresas sediadas nesses países (ou mesmo, em alguma medida, cidadãos residentes nesses países), sofrem diversos tipos de restrição por parte de administradores de carteiras de valores mobiliários não só nos Estados Unidos, mas ao redor de todo o mundo.

Ativismo

A estratégia quase oposta ao filtro é o chamado investimento de ativismo. Neste caso, o argumento é de que seria melhor o investidor se engajar proativamente com a empresa do que desinvestir, pois, assim, sensibilizaria a diretoria sobre a importância de adotar boas práticas de ESG. Outro argumento importante é a falta de efetividade da estratégia de desinvestimento; pois, de qualquer maneira, os ativos à venda seriam adquiridos, no mercado, por outro investidor.

O caso recente mais conhecido da estratégia ativista é o da empresa de investimentos Engine No. 1, que ganhou destaque, em 2021, por sua campanha bem-sucedida contra a ExxonMobil, uma das maiores empresas de petróleo e gás do mundo. No final de 2020 e início de 2021, a Engine No. 1 lançou uma campanha para questionar a abordagem da ExxonMobil às mudanças climáticas e sua estratégia de negócios. O principal objetivo da campanha da Engine No. 1 era influenciar a ExxonMobil a tomar medidas mais proativas na transição para fontes de energia renováveis. Os investidores ativistas argumentaram que a forte dependência da empresa de combustíveis fósseis e a falta de planos concretos para reduzir as emissões de carbono representam riscos significativos para a sustentabilidade de longo prazo e o valor para os acionistas da empresa.

Com isso em vista, a Engine No. 1 indicou quatro candidatos para o conselho de administração da ExxonMobil, especialistas em energia renovável, sustentabilidade e governança corporativa.

Essa estratégia ganhou o apoio de alguns dos outros grandes acionistas institucionais da ExxonMobil, que também reconheceram a importância de abordarem os riscos relacionados ao clima e de pressionar por melhorias ESG.

Em maio de 2021, a ExxonMobil realizou sua reunião anual de acionistas, durante a qual os acionistas votaram para eleger três dos quatro candidatos indicados pela Engine No. 1 para o conselho de administração da empresa. Isso marcou uma vitória significativa para a empresa ativista, pois obteve representação no conselho da ExxonMobil, dando-lhe uma plataforma para defender sua agenda ESG diretamente de dentro da empresa. A representação bem-sucedida, no conselho, tem o potencial de influenciar a estratégia corporativa da ExxonMobil, aumentando a responsabilidade em questões relacionadas ao clima e levando a empresa a estabelecer metas mais ambiciosas para reduzir as emissões de carbono e investir em energia renovável.[143] O engajamento está se tornando bastante popular e tem provado ser uma ferramenta bastante eficaz para a implementação de políticas sustentáveis nas empresas. Entretanto, um ativismo muito agressivo pode afetar negativamente a atividade da empresa envolvida no processo e gerar um efeito contrário àquele desejado. Por essa razão, muitos investidores ainda são reticentes em adotar essas medidas em larga escala, em seus negócios.

Integração de valores ESG

Nesse tipo de estratégia, princípios ESG são integrados dentro do processo de auditoria que é feito pelo administrador, para determinar os investimentos que serão implementados. Há muitos critérios possíveis de serem analisados, mas, aqui, vamos abordar aquele que consideramos o mais importante: as externalidades do negócio de uma empresa.

---

[143] PHILLIPS, Matt. "Exxon's Board Defeat Signals the Rise of Social-Good Activists". The New York Times, 9 jun. 2021. Disponível em: https://www.nytimes.com/2021/06/09/business/exxon-mobil-engine-no1-activist.html. Acesso em: ago. 2023.

Na economia, uma externalidade refere-se a uma situação em que a produção ou o consumo de um bem ou serviço, por uma pessoa ou entidade, afeta o bem-estar de outros indivíduos ou entidades que não estejam diretamente envolvidos na transação.

A externalidade pode surgir em várias atividades econômicas e em vários mercados. Ela ocorre quando todos os custos ou benefícios sociais de uma ação econômica não se refletem nos custos ou benefícios privados dos indivíduos ou das empresas envolvidos na atividade. Em outras palavras, há uma divergência entre os custos e os benefícios privados ou sociais.

Uma externalidade negativa ocorre quando uma ação econômica impõe custos a outras sem a devida compensação. Por exemplo: a poluição de uma fábrica pode prejudicar o meio ambiente e afetar a saúde e o bem-estar das pessoas que vivem nas proximidades. Os proprietários das fábricas podem não arcar totalmente com os custos da poluição, levando a uma alocação ineficiente de recursos.

Um outro exemplo marcante desse tipo de problema foi analisado e precificado em 2019 pelo Banco Mundial. Ele estima que o sistema alimentar global, que movimenta, anualmente, aproximadamente US$ 8 trilhões, gere, todos os anos, US$ 12 trilhões em externalidades negativas, principalmente por meio da destruição da natureza e da contribuição para o aquecimento global.[144]

---

144 VAN NIEUWKOOP, Martien. "Do the costs of the global food system outweigh its monetary value?". Wolrd Bank Blogs, 17 jun. 2019. Disponível em: https://blogs.worldbank.org/en/voices/do-costs-global-food-system-outweigh-its-monetary-value. Acesso em: 01 fev. 2024.

Para lidar com as externalidades e corrigir as falhas do mercado, os governos, geralmente, intervêm, por meio de várias ferramentas políticas. Essas intervenções podem incluir impostos sobre atividades que criam externalidades negativas (por exemplo: impostos sobre o carbono, em indústrias poluidoras) ou regulamentação e padrões para limitar ou controlar externalidades prejudiciais (por exemplo: padrões de emissão, em veículos, para reduzir a poluição do ar).

A possibilidade cada vez mais concreta de uma tributação sobre as emissões de carbono, a ser implementada em escala global, é um dos fatores de maior risco para as empresas de combustíveis fósseis.

Em 2019, o Fundo Monetário Internacional publicou um estudo que advoga que um imposto sobre as emissões de carbono é crucial para reduzir as emissões de gás de efeito estufa no mundo, desencorajando a utilização de combustíveis fósseis e incentivando uma mudança para energias mais limpas. Segundo o autor do estudo, um imposto sobre carvão, derivados de petróleo e gás natural, proporcionalmente ao seu conteúdo de carbono, pode ser cobrado dos fornecedores de combustível. Eles, por sua vez, repassarão o imposto na forma de preços mais altos para a eletricidade, gasolina, bem como para os produtos e serviços que dependem deles. Isso deveria fornecer incentivos para produtores e consumidores reduzirem o uso de energia fóssil e mudarem para combustíveis de baixa emissão de carbono ou fontes de energia renováveis. Potencialmente, isso também geraria um maior investimento por parte do setor privado e dos Estados em projetos de energia renováveis.[145] Por essa razão, muitos investidores acham que aquelas empresas que não estão se preparando para uma transição energética (e, consequentemente, mitigando os riscos relacionados a esse futuro provável) não deveriam receber investimentos de longo prazo.

Investimento temático

Nesse tipo de estratégia, o investidor procura investir exclusivamente em negócio relacionado a alguma atividade ESG: indústria de baixo carbono; produção de energia renovável; projetos de reflorestamento; companhias com diversidade no conselho e/ou na diretoria; empresas que tenham uma relação trabalhista considerada justa etc.

Para entendermos como esse tipo de investimento pode funcionar, precisamos entender o que é um fundo de índice ou, como é conhecido no mercado, um ETF (*Exchange Traded Funds*). A maioria dos ETFs segue uma estratégia de investimento passivo, visando igualar o desempenho do índice ou setor escolhido. Isso significa que as participações do ETF são ajustadas, periodicamente, para refletirem as mudanças na composição do índice subjacente.

No Brasil, os fundos de índice eram regulados pela Instrução CVM nº 359, mas, a partir de outubro de 2023, a CVM

---

[145] Disponível em: https://www.imf.org/en/Publications/fandd/issues/2019/06/what-is-carbon-taxation-basics. Acesso em: ago. 2023.

consolidou toda a regulamentação de fundos na Resolução CVM 175. A Resolução CVM nº 184, de 31 de maio de 2023, alterou a Resolução CVM 175, para incluir regras específicas para diversos tipos de fundos, incluindo os fundos de índice — que, agora, são regulados pela regra geral da 175 e pelas regras específicas do Anexo Normativo V.

Como dissemos, o fundo de índice é um tipo de investimento que busca acompanhar o desempenho de um índice específico, que é uma espécie de medidor do mercado financeiro. Em vez de investir em ações individuais, o ETF reúne vários ativos diferentes para seguir esse índice.

A escolha do índice é importante, e a CVM define algumas regras para garantir que seja um índice confiável. O índice deve ser de fácil acesso para todos os investidores, e suas regras de cálculo devem ser claras e objetivas, sem truques escondidos. Além disso, o índice não pode ser manipulado por quem o criou e não pode ser baseado em outros índices.

Essas regras garantem que o fundo de índice seja transparente e ofereça aos investidores a possibilidade de replicar seus resultados. O objetivo é proporcionar uma forma simples e segura de investir em uma carteira diversificada de ativos, sem precisar entender cada detalhe do mercado financeiro. É como se você estivesse investindo em uma cesta de ativos, em vez de escolher cada um individualmente.

O fundo de índice não tem um prazo definido; então, o investidor pode investir nele por quanto tempo quiser, tornando-o uma opção flexível para quem busca crescimento do patrimônio no longo prazo. E, se quiser saber como o fundo está se comportando, basta verificar o desempenho do índice, que é publicamente divulgado e facilmente accessível pela internet.

O fundo de índice deve investir a maior parte do dinheiro dos cotistas em ativos financeiros que sigam um índice específico, como ações de empresas desse índice, contratos futuros e outros fundos que também acompanham o mesmo índice. Em certos casos, ele pode investir um pouco em moeda nacional e alguns ativos fora desse índice, desde que dentro de limites definidos. Além disso, existe um limite para o uso de derivativos. Qualquer dinheiro não investido no índice pode ser aplicado em títulos públicos, renda fixa, outros fundos e ativos financeiros de fácil negociação.

O gestor do fundo pode fazer ajustes na carteira, para garantir que sua rentabilidade seja parecida com a variação do índice de referência, especialmente quando houver mudanças na composição do índice. Além disso, quando o fundo receber dinheiro de dividendos ou juros dos ativos financeiros que possui, na carteira, ele poderá distribuir esses rendimentos para os cotistas ou reinvesti-los na carteira para acompanhar o índice. Nos casos excepcionais em que a carteira do fundo não esteja em conformidade com as regras, o gestor deve explicar, por escrito, à CVM, em até cinco dias úteis.

Finalmente, a CVM também permite que investidores brasileiros invistam em ETFs estrangeiros, através dos chamados BDR-ETF. Eles são investimentos que acompanham o desempenho de fundos de índice negociados em outros países.

Para que um BDR-ETF seja válido, no Brasil, precisa ser lastreado em cotas de fundos de índice, negociados em mercados regulamentados de outros países. Além disso, esses fundos devem estar sob a custódia de países com os quais a CVM tenha acordos de cooperação para troca de informações e assistência mútua. Isso garante que o BDR-ETF seja regulamentado e confiável para os investidores no Brasil.

Mas, se o ETF é um fundo de índice, que tipo de índice os fundos ESG estão seguindo?

A B3, junto com a agência de rating S&P, criou, recentemente, o Índice S&P/B3 Brasil ESG, que é um indicador que acompanha o desempenho de títulos considerados sustentáveis. Ele usa critérios de sustentabilidade fornecidos pela S&P DJI. O índice não inclui ações de empresas envolvidas em certas atividades comerciais que não cumpram os padrões do Pacto Global da ONU ou que não tenham pontuação ESG da S&P DJI. Em resumo, o índice ajuda a identificar empresas que estão comprometidas com práticas sustentáveis e responsáveis.

Em agosto de 2023, a B3 tinha mais de oitenta ETFs listados, que englobam as mais diversas estratégias de investimento. Entretanto, nessa data, apenas poucos seguiam o Índice S&P/B3 Brasil ESG.

Deveres dos administradores de carteira de valores mobiliários

A questão relacionada com o dever dos administradores de valores mobiliários e as políticas ESG tem um contexto parecido com o que analisamos para as sociedades por ações.[146]

O interesse dos investidores no cumprimento de seus deveres fiduciários, pelo administrador de valores mobiliários, deve ser reduzido apenas à maximização do retorno financeiros dos seus investimentos? Questões ambientais, sociais e de governança não deveriam ser consideradas, também, pelos gestores de recursos de terceiros?[147]

As regras de conduta dos administradores de valores mobiliários estão estabelecidas nos artigos 18 e 19 da Resolução CVM 21.

---

146 Uma das inovações importantes trazidas pela Resolução CVM 175 foi a segregação da responsabilidade entre administradores e gestores de fundos de investimento, considerados Prestadores de Serviços Essenciais do fundo. Os prestadores de serviços essenciais e outros prestadores de serviços do fundo são responsáveis, perante a CVM, em suas áreas de atuação; sendo responsabilizados por quaisquer ações ou omissões que violem a lei, o regulamento do fundo ou a regulamentação em vigor. De maneira geral, a CVM definiu, claramente, as atribuições dos Prestadores de Serviços Essenciais: os administradores fiduciários são encarregados da gestão das obrigações do fundo (como tesouraria, escrituração e auditoria) e os gestores são responsáveis pela gestão dos ativos, ou seja, pelos investimentos da carteira do fundo; não havendo mais responsabilidade solidária entre eles. Nessa parte do texto, não vamos fazer uma distinção entre as duas funções, mas trataremos do administrador de carteira de uma forma geral.

147 As Nações Unidas têm um programa voltado especificamente para financiamentos ambientais: United Nations Environment Programme Financial Initiative (UNEP FI). Um dos subgrupos de estudo dessa entidade é Asset Management Working Group (AMWG). Ele formulou essa questão da seguinte forma: "Is the integration of environmental, social and governance issues into investment policy (including asset allocation, portfolio construction and stock-picking or bond-picking) voluntarily permitted, legally required or hampered by law and regulation; primarily as regards public and private pension funds, secondarily as regards insurance company reserves and mutual funds?". Essa pergunta foi endereçada no relatório A Legal Framework for Integration of Environmental, Social and Governance Issues into Institutional Investment. Disponível em: https://www.unepfi.org/fileadmin/documents/freshfields_legal_resp_20051123.pdf. Acesso em 1 fev. 2024.

Segundo essa regulamentação, o administrador de carteira de valores mobiliários é responsável por cuidar dos investimentos de seus clientes de forma honesta, transparente, diligente e leal.[148] Ele deve cumprir as regras do fundo de investimento ou o contrato acordado por escrito com o cliente, que deve conter informações importantes, como a política de investimentos, a remuneração pelos serviços prestados, os riscos envolvidos nas operações e as informações que serão fornecidas periodicamente ao cliente.

Além disso, o administrador precisa manter todos os registros das operações e garantir que os ativos financeiros dos clientes estejam custodiados por uma instituição autorizada. Se o administrador receber algum benefício em virtude de sua posição, ele deve transferir esse benefício para a carteira dos clientes.

No caso de administradores de fundos de investimento, eles precisam informar qualquer violação da lei à CVM, no prazo de dez dias úteis depois de identificada. Mesmo se a empresa utilizar sistemas automatizados ou algoritmos para administrar as carteiras, ela também precisará cumprir as mesmas responsabilidades e regras estabelecidas nesta resolução.

A regulamentação da CVM não menciona a função social como um objetivo dos fundos de investimento. Por outro lado, os princípios da ordem econômica são claramente aplicáveis

---

148 O art. 18, inciso, I, da Resolução CVM nº 21 postula que o administrador de carteira de valores mobiliários deve "exercer suas atividades com boa-fé, transparência, diligência e lealdade em relação aos seus clientes".

também a essa indústria, uma vez que ela representa uma parcela importante da nossa atividade econômica.

Além disso, como foi ressaltado nos capítulos anteriores, a regulamentação local e internacional sobre investimento sustentável é bastante robusta, e muitos administradores já aderiram aos PRI ou às regras da ICMA (ou mesmo aos dois). Finalmente, o próprio mercado, como vimos, estabeleceu mecanismos para que os fundos atuem de forma eficiente em projetos de sustentabilidade, através de estratégias de investimento voltadas especificamente a práticas ESG.

Dessa forma, é com base nesse arcabouço que precisamos analisar os deveres dos administradores de carteiras.

Os deveres mencionados (boa-fé, transparência, lealdade e diligência) se assemelham, de alguma forma, aos deveres que analisamos para os administradores de sociedade por ações, em particular os administradores de sociedades de capital aberto.

O dever de diligência diz respeito ao zelo e cuidado que o administrador deve ter, na condução de suas atividades, e refere-se aos aspectos procedimentais da sua atuação. Já o dever de lealdade tem foco na finalidade dos atos do administrador, que deve privilegiar, em todos os casos, o interesse dos cotistas sobre quaisquer outros.[149]

---

149 "Do mesmo modo, o gestor se sujeita ao dever de lealdade do gestor perante os cotistas e o fundo, do qual se desincumbe por meio de atuação no melhor interesse dos titulares dos recursos aplicados no fundo, o qual decorre justamente da sua possibilidade de dispor do patrimônio alheio" (PAS CVM SEI nº19957.008901/2016-44, Rel. Presidente Marcelo Barbosa, j. 17.05.2022). No mesmo sentido, PAS CVM SEI nº 19957.002315/2021-53, Rel. Presidente Marcelo Barbosa, j. 05.07.2022.

Finalmente, o dever de transparência tem conexões com o "dever de informar" — compromisso dos administradores de sociedades por ações.

Atualmente, a constituição, o funcionamento e a divulgação de informações dos fundos de investimento, bem como a prestação de serviços para essas entidades, são matérias regulamentadas pela Resolução CVM 175. O dever de diligência e de lealdade está estabelecido como norma de conduta dos prestadores de serviços dos fundos de investimento, cujo cumprimento é obrigatório e imprescindível para o regular exercício das funções de sua administração e gestão.[150]

Segundo o colegiado da CVM,

> o dever de diligência pode ser desmembrado em pelo menos outros cinco deveres relativamente distintos: dever de se qualificar, dever de bem administrar, dever de se informar, dever de investigar e dever de vigiar.[151]

---

150 Nesse sentido, o art. 106 da Resolução CVM nº 175 diz que: "Os prestadores de serviços, nas suas respectivas esferas de atuação, estão obrigados a adotar as seguintes normas de conduta: (i) exercer suas atividades buscando sempre as melhores condições para o fundo e suas classes de cotas, empregando o cuidado e a diligência que todo homem ativo e probo costuma dispensar à administração de seus próprios negócios, atuando com lealdade em relação aos interesses dos cotistas, do fundo e de suas classes, evitando práticas que possam ferir a relação fiduciária com eles mantida, e respondendo por quaisquer infrações ou irregularidades que venham a ser cometidas no exercício de suas atribuições; (ii) exercer, ou diligenciar para que sejam exercidos, todos os direitos decorrentes do patrimônio e das atividades da classe de cotas, ressalvado o que dispuser a política relativa ao exercício de direito de voto; e (iii) empregar, na defesa dos direitos do cotista, a diligência exigida pelas circunstâncias, praticando todos os atos necessários para assegurá-los, e adotando as medidas judiciais, extrajudiciais e arbitrais cabíveis" (grifo nosso).

151 Colegiado CVM, PAS CVM 25/03, Rel. Diretor Eli Loria, j. 25.3.2008.

Nitidamente, cada um desses "sub-deveres" se aplica também ao administrador de carteira de valores.

O dever de se qualificar, nesse caso, está incluído na própria regulamentação, na medida em que os administradores de recursos de terceiros só podem atuar mediante autorização específica da CVM. Dessa forma, a qualificação passa pelo crivo da CVM, como um pré-requisito para o exercício dessas funções.

No que diz respeito ao dever de bem administrar, o administrador tem a responsabilidade crucial de adotar medidas ativas e diligentes para estabelecer diretrizes e procedimentos a serem seguidos na supervisão dos fundos sob sua administração.[152]

Além disso, é fundamental que o diretor responsável implemente políticas em conformidade com as orientações fornecidas pelo órgão regulador. A regulamentação relativa aos fundos de investimento é caracterizada pela transferência de determinadas funções fiscalizatórias da esfera

---

152 Mesmo no caso de fundos exclusivos, a CVM já decidiu que, ainda que o cotista único envie ordens de compra e venda de ativos, o dever de diligência do administrador e/ou do gestor deve existir: "64. Aliás, o cumprimento acrítico e sem análise técnica das orientações de investimento do 'cotista único' jamais poderia ter o condão de eximir a responsabilidade do gestor, uma vez que essa postura submissa demonstraria que o profissional se afastou de suas obrigações profissionais mais comezinhas, corroborando o quadro de inequívoca violação ao dever de diligência. 65. Os gestores de carteira são profissionais que foram especificamente contratados para exercer a gestão diligente de fundos de investimento, e que, por conta disso, recebem contrapartida econômica. Assim, eles possuem exclusiva responsabilidade pela gestão da carteira dos fundos, como, aliás, encontrava-se previsto nos contratos de gestão referentes aos fundos de investimento em análise. 66. Desta forma, o gestor mantém hígidas suas obrigações fiduciárias seja qual for o tipo de fundo de investimento para o qual preste serviço, ainda que seja um fundo exclusivo. Isso porque, dentre as proteções instituídas pela regulamentação aplicável da CVM, encontra-se o imprescindível dever de atuação diligente e leal de todos os profissionais que prestam serviços aos fundos de investimento, ainda que sejam fundos exclusivos, na medida em que esses deveres se impõem diante da relação fiduciária inerente à função de gerir recursos de terceiros" (PAS CVM nº 07/2012. Rel. diretor Gustavo Tavares Barbosa, j. 07.03.2017).

pública para a privada — isto é, a transferência de certas obrigações de vigilância, cujo exercício, em princípio, seria de responsabilidade dos órgãos fiscalizatórios e reguladores (em especial, a CVM), atribuindo-as às administradoras e gestoras, objetivando, sobretudo, o auxílio ao regulador, como forma de reforço à atuação fiscalizatória deste, implementando tais atividades de forma descentralizada e mais próxima à efetiva atuação dos fundos de investimento. Nesse sentido, a administradora desempenha um papel essencial como *gatekeeper* desse mercado.[153]

Portanto, fica claro que o dever de diligência é uma obrigação de meio, e não de fim.[154]

Em outras palavras, o que se exige do administrador é o melhor processo decisório possível, e não a melhor decisão possível (que só pode ser determinada em retrospectiva, analisando os resultados do investimento). Envolve uma análise eminentemente procedimental — que, no caso dos fundos de investimento, diz respeito à adoção de controles internos adequados para o desempenho das atividades de seus prestadores de serviços. Seu descumprimento pressupõe a

---

[153] PAS CVM nº RJ2012/122201, voto do presidente Leonardo P. Gomes Pereira, j. 04.08.2015.

[154] Em outras palavras, aqui também se aplica a teoria do *business judgement rule* e não se analisa o resultado final dos investimentos nem o mérito das decisões, mas apenas se elas foram tomadas de forma diligente e informada. Neste sentido, votou o rel. diretor Gustavo Tavares Barbosa: "58. Por todas essas circunstâncias e conforme doutrina da business judgment rule (aplicável por analogia aos gestores de recursos), afigura-se importante, no exame do dever de diligência, apurar e analisar o processo de tomada da decisão que culminou em determinado negócio, e não o seu mérito propriamente dito, a fim de evitar que a CVM se imiscua em papel que não lhe é próprio, substituindo-se aos agentes econômicos responsáveis pelas decisões negociais, o que poderia gerar efeitos colaterais nefastos, como o afastamento de bons profissionais do mercado e o próprio engessamento de sua atuação, por receio de posterior responsabilização administrativa" (PAS CVM nº 07/2012, j. 07.03.2017).

ausência do emprego de meios adequados que impedissem a materialização de riscos imputáveis a esses agentes.[155]

No seu voto como relatora do PAS CVM nº RJ2005/5442, a diretora Maria Helena Santana afirma que a definição sobre a diligência do administrador envolve "analisar se a decisão tomada observou o profissionalismo e a lealdade aos interesses do cliente exigidos pela regulamentação para a administração de recursos de terceiros".

Esse dever de diligência dos administradores, porém, não se limita a reagir diante de sinais de alerta e *red flags* apresentados pelos demais prestadores de serviço do fundo.

> Mais do que isso, a diligência se completa com iniciativas tomadas proativamente pelo administrador, incluindo rotinas preventivas adequadas, que, a meu ver, como demonstrado acima, se revelaram falhas no presente caso. (PAS CVM SEI nº19957.008901/2016-44. Rel. presidente Marcelo Barbosa, j. 17.05.2022).

Também é preciso dizer que os administradores possuem alguma discricionaridade nos parâmetros estabelecidos no regulamento do fundo, com relação às suas decisões de investimento. Obviamente, em fundos temáticos, essa discrição é limitada aos objetivos estabelecidos expressamente no regulamento do fundo. Entretanto, em outros casos, esses tomadores de decisão têm a capacidade de incluir estratégias e políticas ESG como parâmetros para as suas decisões de investimento, desde que esses parâmetros sejam racional e

---

155   PAS CVM nº 19957.011774/2007-41. Rel. Marcelo Barbosa, j.17.12.2019.

economicamente defensáveis e que eles não envolvam vieses ou preferências exclusivas do administrador, em detrimento do seu dever de lealdade.

Questões relacionadas a meio ambiente, impacto social e governança representam tanto oportunidades como riscos, no mercado de capitais.

De uma forma muito geral, há dois tipos de risco, associados, principalmente, às mudanças climáticas.

O primeiro é o risco físico, relacionado com os impactos negativos que as mudanças climáticas trazem a ativos físicos. Os *National Centers for Environmental Information* (NCEI) dos Estados Unidos divulgaram a atualização final de seu relatório de desastres de bilhões de dólares de 2022,[156] confirmando outro ano intenso de desastres extremos, em grande parte dos EUA. Segundo essa agência, em 2022, os EUA sofreram dezoito desastres meteorológicos e climáticos distintos, que custaram, pelo menos, 1 bilhão de dólares cada um.

O segundo é o risco de transição, ou seja, o risco relacionado com o processo de transição para uma economia de baixo carbono. Esse processo pode levar diversos ativos a se tornarem obsoletos e perderem, radicalmente, o seu valor. Eles são conhecidos pelo nome de *stranded assets* (que poderíamos traduzir como "ativos ociosos") e estão ligados a investimentos que se tornaram (ou estão projetados para se tornarem) obsoletos ou que têm perdido valor significativo, prematuramente, devido a fatores como

---

[156] NCEI. Overview. Disponível em: https://www.ncei.noaa.gov/access/billions/. Acesso em: ago. 2023.

avanços tecnológicos, mudanças nas condições de mercado ou mudanças regulatórias.[157]

No contexto das mudanças climáticas, os ativos ociosos referem-se principalmente a reservas de combustíveis fósseis e infraestrutura relacionada (como minas de carvão, plataformas de petróleo ou gasodutos naturais), que podem perder valor à medida que o mundo migra para uma economia de baixo carbono, visando limitar aquecimento global. Por exemplo, à medida que os países e as empresas se comprometem a reduzir as emissões de gases de efeito estufa e a mudar para fontes de energia renováveis, a demanda por combustíveis fósseis pode diminuir. Isso pode levar as empresas de combustíveis fósseis a enfrentar o risco de não conseguirem extrair ou vender todas as suas reservas, resultando em perdas financeiras e desvalorização de ativos.

Assim, considerações ESG podem ajudar os investidores a identificarem e gerenciarem riscos relacionados, como aqueles referentes a ativos ociosos.

Com relação a riscos ambientais, é importante ressaltar que o Brasil tem o maior rebanho bovino do mundo e é um dos maiores produtores e exportadores de carne bovina do mundo. Ele também responde por 50% do mercado mundial de soja, sendo o segundo maior exportador.[158]

---

157 ANSARI, Dawud; HOLZ, Franziska. Between stranded assets and green transformation: Fossil-fuel-producing developing countries towards 2055, *World Development*, Volume 130, jun. 2020. Disponível em: https://www.sciencedirect.com/science/article/pii/S0305750X20300735. Acesso em: 1 fev. 2024.
158 GUARALDO, Maria Clara. "Brasil é o quarto maior produtor de grãos e o maior exportador de carne bovina do mundo, diz estudo". Embrapa, 01 jun. 2021. Disponível em: https://www.embrapa.

Grande parte do farelo da soja é utilizado como ração animal, que, depois, será consumido na forma de carne, pelo homem.[159]

Entretanto, é preciso lembrar também que algumas tendências emergentes e em evolução podem afetar as preferências do consumidor em longo prazo. Por exemplo, a crescente popularidade do vegetarianismo, veganismo e consumo alternativo de carne é uma ameaça real à produção futura de carne no mundo.

Em termos de oportunidades, as empresas com forte desempenho ESG têm maior probabilidade de estarem atentas aos riscos associados às mudanças climáticas e à transição para uma economia de baixo carbono. Elas podem estar mais bem preparadas para adaptar seus modelos de negócios, evitando uma exposição significativa a ativos ociosos. Por exemplo: uma empresa de energia renovável, provavelmente, estaria melhor posicionada do que uma empresa de carvão, em um futuro de baixo carbono.

Por outro lado, empresas com práticas sociais positivas podem enfrentar menos resistência e reação pública, ao se adaptarem a um ambiente de mercado em constante mudança. E, finalmente, práticas sólidas de governança podem ajudar as empresas a identificarem e responderem a riscos emergentes de maneira oportuna e eficaz.

---

br/busca-de-noticias/-/noticia/62619259/brasil-e-o-quarto-maior-produtor-de-graos-e-o-maior-exportador-de-carne-bovina-do-mundo-diz-estudo. Acesso em: ago. 2023.

159 SYNGENTA DIGITAL. "Você sabia? Para onde vai a soja produzida no Brasil". Blog Syngenta Digital, [s.d.]. Disponível em: https://blog.syngentadigital.ag/voce-sabia-para-onde-vai-soja-produzida-no--brasil/. Acesso em: ago. 2023.

Considerações ESG podem afetar o investimento, então, de pelo menos duas formas: afetando o valor de um ativo considerado para investimento e afetando os objetivos que os administradores perseguem, com relação aos seus investimentos. No primeiro caso, os riscos e as oportunidades descritos podem impactar positiva ou negativamente o valor do ativo em si — e isso deve estar claramente definido nos parâmetros de investimento. No segundo caso, o administrador pode integrar estratégias ESG de investimento para contemplar as visões éticas dos seus investidores. Isso pode se refletir na exclusão de determinados ativos que não cumpram essa finalidade (por exemplo, empresas condenadas por utilização de trabalho infantil), mesmo que sejam altamente lucrativas e/ou como critério de desempate na decisão por investimentos em ativos de igual rentabilidade.

Em resumo: o investimento ESG visa avaliar o desempenho geral de sustentabilidade de um ativo financeiro, o que pode incluir a avaliação de sua exposição a riscos de ativos ociosos e sua capacidade de navegar no cenário de negócios em mudança, causado por desafios ambientais e sociais. Esses critérios são claramente permitidos pela regulamentação (e pelos julgados) da CVM, não entrando em conflito com o dever de diligência, nem com o dever de lealdade dos administradores, e seriam altamente recomendáveis no mercado atual.

A regulamentação do CVM quer fazer com que os administradores dos fundos identifiquem e gerenciem os riscos, como parte do seu dever de diligência, na gestão de ativos de terceiros, adotando estratégias e, eventualmente, implementando melhores práticas de governança (como os PRI e os princípios da ICMA).

Todas essas questões precisam ser consideradas quando se termina o *business judgement rule* dos administradores de valores e a adequação das decisões que foram tomadas na gestão dos ativos de terceiros.

Sustentabilidade nas instituições financeiras

Apesar de não estar relacionado diretamente com o tema deste livro, é importante falarmos algumas palavras sobre a preocupação crescente que o Banco Central do Brasil tem com o tema da sustentabilidade e como isso está afetando a regulamentação do mercado financeiro como um todo.

Esse assunto vai iluminar um tema importante e muitas vezes esquecido por aqueles que criticam as estratégias e políticas de ESG das empresas e investidores: no caso de instituições financeiras, que atuam em um mercado altamente regulado, a gestão desse risco pelo conselho de administração e pela diretoria não é só boa prática de governança, mas é obrigatória pelas regras do Banco Central.

Após as Consultas Públicas nº 82, 85 e 86, lançadas pelo Banco Central em 2021, no âmbito do pilar "Sustentabilidade", da "Agenda BC#" (que estabelece algumas metas para melhorar o sistema financeiro brasileiro), o Banco Central publicou um novo conjunto de regras sobe o tema. Essas novas diretrizes visam aprimorar a divulgação de informações, a gestão e a governança dos riscos socioambientais e climáticos, por parte das instituições financeiras, além de efetivar alterações em algumas regulamentações do crédito rural.

Política de Responsabilidade Socioambiental (PRSA)

Talvez a principal alteração trazida por esse conjunto de regras seja aquela implementada pela Resolução nº 4.945 do Conselho Monetário Nacional (CMN) (que substituiu a Resolução CMN nº 4.327, de 25 de abril de 2014). Essa Resolução dispõe sobre a Política de Responsabilidade Socioambiental (PRSA), um novo regulamento que prevê a inclusão de uma vertente climática na PRSA, que passa a se designar Política de Responsabilidade Social, Ambiental e Climática (PRSAC).

Essa nova política deve ser implementada pelas instituições financeiras e demais instituições autorizadas a funcionar pelo Banco Central, que se enquadrem nos segmentos S1, S2, S3, S4 e S5.[160]

---

160 Por meio da Resolução CMN nº 4.553, de 30 de janeiro de 2017, o Banco Central estabeleceu o mecanismo de segmentação das instituições supervisionadas no Sistema Financeiro Nacional, de forma a classificá-las em cinco segmentos, de acordo com seu porte, atividade internacional e perfil de risco. A segmentação possibilita a aplicação diferenciada das regras de prevenção de risco para instituições com maior ou menor exposição —, permitindo que instituições de menor porte sigam regras mais simples do que aquelas aplicadas às instituições de grande porte. Nos termos da norma mencionada, a segmentação é definida da seguinte forma: (i) Segmento 1 (S1): composto por bancos múltiplos, bancos comerciais, bancos de investimento, bancos de câmbio e caixas econômicas que (a) possuam porte igual ou superior a 10% do Produto Interno Bruto do Brasil (PIB); ou (b) exerçam atividade internacional relevante, independentemente do porte da instituição; (ii) Segmento 2 (S2): composto por: (a) bancos múltiplos, bancos comerciais, bancos de investimento, bancos de câmbio e caixas econômicas, de porte inferior a 10% e igual ou superior a 1%

A Política de Responsabilidade Social, Ambiental e Climática leva em consideração os impactos, objetivos estratégicos e as oportunidades de negócios para o setor financeiro, relativos a fatores sociais, ambientais e climáticos. O regulamento também reduziu o prazo máximo de revisão do PRSAC (de cinco, para três anos). O PRSAC deve ser revisado na ocorrência de qualquer evento relevante, conforme definido pela política de PRSAC aplicável da instituição.

A PRSAC deve ser: (i) proporcional ao modelo de negócio, à natureza das operações e à complexidade dos produtos, dos serviços, das atividades e dos processos da instituição; e (ii) adequada à dimensão e à relevância da exposição ao risco social, ao risco ambiental e ao risco climático, de que tratam as Resoluções de nº 4.557, de 23 de fevereiro de 2017, para instituição enquadrada no S1, no S2, no S3 ou no S4, e a de nº 4.606, de 19 de outubro de 2017, para instituição enquadrada no S5.

Além disso, para fins de elaboração e estabelecimento da PRSAC, devem ser considerados: (i) o impacto de natureza social, de natureza ambiental ou de natureza climática das atividades e dos processos da instituição, bem como dos produtos e serviços por ela oferecidos; (ii) os objetivos estratégicos da instituição, bem como as oportu-

---

do PIB; e (b) pelas demais instituições de porte igual ou superior a 1% do PIB; (iii) Segmento 3 (S3): composto por instituições de porte inferior a 1% e igual ou superior a 0,1% do PIB; (iv) Segmento 4 (S4): composto pelas instituições de porte inferior a 0,1% do PIB; e (v) Segmento 5 (S5): composto por instituições de porte inferior a 0,1% do PIB e que utilizem metodologia facultativa simplificada para apuração dos requerimentos mínimos de Patrimônio de Referência, de Nível I, e de Capital Principal — exceto bancos múltiplos, bancos comerciais, bancos de investimento, bancos de câmbio e caixas econômicas.

nidades de negócios, relacionadas a aspectos de natureza social, de natureza ambiental e de natureza climática;[161] e (iii) as condições de competitividade e o ambiente regulatório em que a instituição atua.

No que diz respeito ao gerenciamento da PRSAC dentro da instituição, a responsabilidade de aprovar e revisar essa política cabe ao conselho de administração. Além disso, o conselho também deve garantir que a instituição esteja aderente à PRSAC e que tome ações para torná-la efetiva. A revisão dela deve ocorrer, no mínimo, a cada três anos — ou sempre que eventos importantes acontecerem, como o lançamento de novos produtos ou serviços relevantes, ou grandes reorganizações societárias.

Para além disso, a instituição deve indicar diretor responsável, designando-o perante o Banco Central, pelo cumprimento das obrigações relacionadas à PRSAC, cujas atribuições abrangem, dentre outros temas: (i) a implementação e o monitoramento de ações com vistas à efetividade da PRSAC e (ii) a participação no processo de tomada de decisões relacionadas ao estabelecimento e à revisão da PRSAC, auxiliando o conselho de administração. Para dar maior visibilidade às atribuições dessa função, a política de governança da instituição deve dispor, de forma expressa, sobre as atribuições desse diretor.

---

161 Nos termos da Resolução BCB nº 4.945, considera-se (i) natureza social: o respeito, a proteção e a promoção de direitos e garantias fundamentais e de interesse comum; (ii) natureza ambiental: a preservação e a reparação do meio ambiente, incluindo sua recuperação, quando possível; e (iii) natureza climática: a contribuição positiva da instituição na: (a) transição para uma economia de baixo carbono; e (b) redução dos impactos ocasionados por intempéries frequentes e severas ou por alterações ambientais de longo prazo, que possam ser associadas a mudanças em padrões climáticos.

Adicionalmente, a depender da segmentação atribuída à respectiva instituição, nos termos da Resolução nº 4.553, esta deve constituir comitê de responsabilidade social, ambiental e climática, vinculado ao conselho de administração, sendo a adoção obrigatória para instituição enquadrada no S1 ou no S2; e facultativa, para instituição enquadrada no S3, no S4 ou no S5.

As responsabilidades do comitê abrangem, dentre outros temas, propor recomendações ao conselho de administração sobre o estabelecimento e a revisão da PRSAC e avaliar o grau de aderência das ações implementadas à PRSAC.

Finalmente, a PRSAC, assim como as ações implementadas com vistas à sua efetividade e os critérios para a sua avaliação, devem ser divulgadas, obrigatoriamente, pela instituição, ao público externo, em local único e de fácil identificação no sítio da instituição na internet. Tais informações e documentos devem ser mantidos à disposição do Banco Central pelo prazo de cinco anos.

Relatório de Riscos e Oportunidades Sociais, Ambientais e Climáticas (GRSAC)

Outra importante mudança implementada pelo Banco Central foi a Resolução nº 139, exigindo a elaboração de um Relatório de Riscos e Oportunidades Sociais, Ambientais e Climáticas (ou simplesmente Relatório GRSAC) por instituições financeiras classificadas em segmentos S1, S2, S3 e S4. Ele deve ser publicado anualmente, até noventa dias após 31 de dezembro de cada ano, e disponibilizado no site das instituições financeiras por um período de cinco anos a partir da data de sua divulgação, em um único local, de acesso público e de fácil localização.

O Relatório GRSAC deve conter, no mínimo, informações referentes aos seguintes tópicos associados ao risco social, ao risco ambiental e ao risco climático: (i) governança do gerenciamento dos riscos social, ambiental e climático, incluindo as atribuições e as responsabilidades das instâncias da instituição envolvidas com o gerenciamento do risco social, do risco ambiental e do risco climático, como o conselho de administração, quando existente, e a diretoria da instituição; (ii) impactos reais e potenciais, quando considerados relevantes, dos riscos social, ambiental e climático, nas estratégias adotadas pela instituição e no gerenciamento de risco e de capital nos horizontes de curto, médio e longo prazos, considerando diferentes cenários, segundo critérios documentados; e (iii) processos de gerenciamento dos riscos social, ambiental e climático.

Assim como é exigido para o PRSAC, a instituição deve também indicar um diretor para ser responsável por todos os processos envolvendo o Relatório GRSAC.

Outras regras

O Banco Central implementou uma série de outras medidas que endereçam o tema da sustentabilidade nas instituições financeiras e demais entidades supervisionadas pela autarquia.

Por exemplo, a Resolução do Banco Central nº 140, de 15 de setembro de 2021, que estabelece novas condições para o acesso ao crédito rural, considerando aspectos sociais, ambientais e climáticos. Uma das principais mudanças trazidas por essa resolução é a restrição à concessão de crédito ao produtor que não esteja inscrito ou tenha sua inscrição cancelada no Cadastro Ambiental Rural.

A nova resolução também estabelece que não será concedido crédito rural a: (i) empreendimento total ou parcialmente situado em área de preservação, terra indígena ou quilombola existente ou área embargada, decorrente do aproveitamento econômico de áreas desmatadas na Amazônia; ou (ii) pessoa física ou jurídica inscrita no cadastro de empregadores que tenham mantido trabalhadores em condições análogas à de escravo.

Outra norma importante para esse tema é a estabelecida pela Resolução nº 4.943, que o CMN editou em 15 de setembro de 2021. Ela alterou a Resolução CMN nº 4.557, com o objetivo de destacar e distinguir os riscos sociais, ambientais e climáticos necessários para identificação, medição, avaliação, monitoramento, relatório, controle e mitigação dentro da estrutura de gerenciamento de riscos das instituições financeiras no Brasil.

A nova norma prevê definições específicas desses riscos, modernizando conceitos na regulamentação, como a inclusão dos dois principais componentes dos riscos climáticos: riscos físicos e riscos de transição, que já foram discutidos aqui. A norma alterada também prevê a identificação e o monitoramento dos riscos socioambientais e climáticos enfrentados pelas instituições financeiras, decorrentes não apenas de seus produtos, serviços e atividades, mas também das atividades exercidas por suas contrapartes, controladas, seus fornecedores e prestadores de serviços terceirizados.

Além disso, em 6 de outubro de 2021, o Banco Central emitiu a Resolução nº 151, que regulamenta a prestação de informações pelas instituições financeiras e demais instituições autorizadas a funcionar pelo Banco Central, em relação aos riscos socioambientais e climáticos tratados no CMN Resolução nº 4.557 e Resolução CMN nº 4.945. A regra se aplica às instituições classificadas nos segmentos S1, S2, S3 ou S4, e as informações que devem ser prestadas ao Banco Central dizem respeito à avaliação dos riscos socioambientais e climáticos, relacionados à exposição da respectiva instituição financeira a crédito e operações com valores mobiliários, bem como dos respectivos devedores dessa instituição financeira.

As informações a serem prestadas ao Banco Central incluem identificação, setor econômico, agravantes e atenuantes de riscos, avaliação de riscos sociais, ambientais e climáticos, entre outros.

As normas do Banco Central sobre o assunto demonstram um ponto muito importante na implementação de políticas de ESG pelas empresas. Em mercados regulados (e autorregulados), considerações ESG tornaram-se não somente algo recomendável, mas obrigatório, nos termos da regulação aplicável (no caso, às instituições financeiras). Elas não são apenas um modismo caprichoso de alguns agentes de mercado; há riscos reais, que podem afetar negativamente o desenvolvimento de negócios e impactar, de forma adversa, os mercados e o sistema financeiro.

Ressaltamos, novamente, que administradores de companhias, em geral, e instituições financeiras, em particular (talvez, de forma muito mais relevante, considerando a importância sistêmica que elas têm na economia contemporânea), não podem ignorar processos ESG.

Desconsiderar esses aspectos do negócio é uma falha grave, que pode levar, inclusive, à responsabilização pessoal por danos causados à empresa e aos seus acionistas.

CONCLUSÕES

Como vimos, o grande desafio do administrador atual é fazer a gestão altamente complexa dos diversos interesses que giram em torno da empresa: de seus acionistas (controladores e minoritários), mas também de empregados, consumidores, fornecedores e da comunidade na qual ela está inserida. Em suma, balancear o objetivo societário do lucro com a função social da empresa.

O problema desse equilíbrio é a possibilidade de responsabilidade civil individual do administrador por eventuais perdas causadas em sua gestão (além de potenciais outras sanções administrativas e criminais), principalmente no caso de conflito dos diversos interesses mencionados acima.

Nesse sentido, é preciso buscar uma "justa medida", que, de um lado, leve em conta o objetivo que o instituto da responsabilidade dos administradores tem, de coibir a má gestão da empresa, e, de outro lado, assegure o cumprimento de princípios constitucionais.[162]

Se eu tivesse que ressaltar o ponto mais importante, eu diria que transparência e indicadores adequados para se medir os resultados de estratégias e políticas de ESG são essenciais para mitigar responsabilidades dos administradores e expandir investimentos sustentáveis.

Em primeiro lugar, porque, de todos os deveres do administrador, o dever de informar, regido pelo princípio do *full disclosure*, é o mais objetivo de todos. Suas regras são claras e geram pouca controvérsia sobre o seu campo de aplicação (ao contrário, por exemplo, do dever de diligência, que, como

---

162 FRAZÃO, op. cit., p. 236.

a própria CVM observou, é um conceito aberto e precisa ser analisado caso a caso). Além disso, o dever de informar está intimamente ligado com outro dever do administrador: o dever de lealdade.

Logo, fazer divulgação abrangente, clara e precisa das atividades da empresa é sempre agir de forma leal — salvo nos casos em que a informação está protegida por sigilo, nos termos da lei. Como vimos, a divulgação de informação é o melhor remédio para uma série de disfunções possíveis no negócio da empresa e do mercado. Ela possibilita um controle eficaz de todas as partes interessadas (*stakeholders*) e uma visibilidade sobre os impactos, positivos e negativos, que a empresa está causando.

A Organização para Cooperação e Desenvolvimento Econômico (OCDE) publicou um guia com princípios para operações de financiamento híbrido, uma forma inovadora de financiar projetos de impacto social e econômico. O quinto e último princípio é o monitoramento do financiamento híbrido, para transparência dos resultados. A OCDE diz que:

> *To ensure accountability on the appropriate use and value for money of development finance, blended finance operations should be monitored on the basis of clear results frameworks, measuring, reporting on and communicating on financial flows, commercial returns as well as development results.*

O que a OCDE diz sobre o financiamento híbrido pode ser estendido para a implementação de políticas sustentáveis.

Além das regras da CVM estabelecidas para as companhias de capital aberto (Capítulo 2), empresas (em particular as de capital fechado, que não estão sujeitas às regras da CVM), deveriam preparar relatórios de divulgação de políticas e estratégias ESG, com base em alguns padrões internacionalmente aceitos.

Por exemplo, a *Global Reporting Initiative* (GRI) introduziu, em 1997, o pioneiro conjunto de padrões para a promoção da sustentabilidade em nível global. Ele estabelece orientações detalhadas para a divulgação e para a apresentação de informações não financeiras sobre sustentabilidade, abrangendo desempenho econômico, ambiental e social. Além dele, a *Sustainability Accounting Standards Board* (SASB) oferece, desde 2011, orientação setorial precisa, abordando uma ampla diversidade de tópicos ligados à ESG.

De acordo com a SASB, as organizações devem priorizar e reportar somente as métricas que possuem pertinência aos seus empreendimentos, em vez de abarcar uma extensa variedade de métricas ESG.

Finalmente, a *Task Force on Climate-Related Financial Disclosures* (TCFD) tem um guia, lançado em 2017, que orienta na divulgação de múltiplos riscos, oportunidades e efeitos financeiros vinculados ao clima. Ao contrário da SASB, as orientações do TCFD são abrangentes e segmentadas por setor, mais centradas em temas concernentes ao clima.

| Site GRI | Site SASB/ISSB | Site TCFD |

Algumas empresas adotam, inclusive, mais de um padrão de divulgação de informação e produzem, assim, vários relatórios sobre as suas atividades.

Hoje, o padrão recomendado pela SASB talvez seja o mais utilizado pelo mercado. Em 2021, por exemplo, 326 investidores institucionais, em 27 países, deram apoio para as empresas adotarem o padrão SASB nos seus processos.[163]

A SASB divide suas recomendações em cinco itens (ambiental; capital social; capital humano; modelo de negócio e inovação; e liderança e governança), e suas métricas específicas por indústrias estão amplamente ancoradas no ODS das Nações Unidas.[164]

A partir de agosto de 2022, o ISSB assumiu a responsabilidade pelos padrões SASB, implementando uma consolidação significativa, nesse mercado, que deve reforçar ainda

---

[163] THE IFRS FOUNDATION. Value Reporting Foundation, Global Use of SASB Standards. Disponível em: https://sasb.org/about/global-use/. Acesso em: ago. 2023.

[164] GUILLOT, Janine. What Is the Connection Between SASB and the SDGs? *SASB Standards*, The IFRS Foundation, June 18, 2020. Disponível em: https://sasb.org/blog/what-is-the-connection-between-sasb-and-the-sdgs/. Acesso em: ago. 2023.

mais a adoção dos princípios da ISSB e da SASB para esse tipo de relatório.

Dado esse cenário, na nossa opinião, seria muito importante retomarmos uma discussão sobre a obrigatoriedade da publicação de balanços sociais por empresas acima de um determinado porte, mesmo sociedades limitadas.

Essa é a tendência legislativa dos países desenvolvidos (além de ser uma das recomendações — 12.6 — do ODS 12: incentivar as empresas, especialmente as grandes e transnacionais, a adotar práticas sustentáveis e a integrar informações sobre sustentabilidade em seu ciclo de relatórios). Deveríamos seguir o mesmo caminho.

Além de contabilizar as suas políticas ESG de forma apropriada, passar por um processo, visando a divulgação de informações sustentáveis, ajuda a empresa a estabelecer suas políticas, mensurar sua performance, administrar de forma apropriada os riscos do seu negócio e motivar seus empregados.

Além disso, do ponto de vista externo, a divulgação permite construir confiança junto aos *stakeholders* e o mercado, atraindo capital potencialmente mais barato.

Em resumo, essas medidas servem para alocar recursos de forma apropriada e eficiente (principalmente se considerarmos que os recursos para esse tipo de investimento são limitados — e, portanto, precisamos maximizá-los) e gerar responsabilidade para as empresas e para as pessoas dentro das empresas que estão administrando essas políticas, pela performance dos impactos.

Entretanto, também não temos ainda um padrão de métricas universalmente aceito para as empresas medirem e divulgarem os impactos causados pelas suas atividades. Em 2016, por exemplo, foi lançado o Projeto de Gerenciamento de Impacto (*Impact Management Project* ou IMP). Esse empreendimento de natureza multissetorial visa estabelecer um conjunto de padrões para a descrição dos resultados gerados pelos investimentos de impacto.

No âmbito desse projeto, estão definidas cinco perspectivas dos efeitos ocasionados: os agentes envolvidos, a natureza do efeito, a magnitude, a contribuição e os riscos associados. No ano de 2018, o Programa das Nações Unidas para o Desenvolvimento (PNUD) uniu esforços com o IMP, no propósito de estruturar o SDG Impact.[165] Essa iniciativa de alcance global busca catalisar o direcionamento de recursos para ações fomentadoras dos ODS.

Outra fonte importante de recomendações nessa área foi fornecida pelo IRIS+ (*Impact Reporting and Investment Standards Plus*), que é um sistema aprimorado de relatórios e padrões de investimento de impacto, que visa medir e gerenciar o impacto social, ambiental e econômico de investimentos e atividades voltadas para o desenvolvimento sustentável. Desenvolvido pelo *Global Impact Investing Network* (GIIN), o IRIS+ abrange diversos indicadores, de diferentes áreas de impacto. Isso permite que investidores, empresas e organizações comparem e analisem os resultados de forma padronizada, facilitando a tomada de decisões informadas sobre onde alocar recursos e como medir o progresso em direção a metas de sustentabilidade e

---

165 SDG IMPACT. Disponível em: https://sdgimpact.undp.org/. Acesso em: ago. 2023.

responsabilidade social. O sistema é uma evolução do IRIS, que já era utilizado anteriormente para fins de relatórios de investimento de impacto.[166]

Um dos problemas relacionados à medição de impacto é o chamado "problema de atribuição de causalidade". Se uma empresa atua no segmento de microfinanciamento, por exemplo, como ela pode saber que é a atividade dela a responsável por um impacto positivo na redução da pobreza da região na qual ela atua?[167]

Há uma série de métodos que podem ser empregados para chegar a essa conclusão: a empresa pode contratar entrevistas com os seus clientes para saber se, na opinião deles, a vida deles melhorou com financiamento. Ela pode também comparar a qualidade de vida de uma parte dos seus clientes antes e depois de receber o financiamento. Entretanto, esses dois métodos estão sujeitos a alguns vieses que podem impactar negativamente o resultado da pesquisa. Por exemplo: a pesquisa pode ter abordado apenas um grupo dos clientes mais talentosos, que tiveram uma facilidade natural de melhorar a vida.

Então, para tentar eliminar os problemas relacionados com essas metodologias, a empresa pode adotar um sistema de atribuição aleatória, ou ensaio randômico (a sigla, em

---

[166] IRIS+. Disponível em: https://iris.thegiin.org/. Acesso em: 01 fev. 2024.
[167] Particularmente sobre os efeitos positivos do microfinanciamento, há um estudo que mostra que, apesar de dar mais liberdade às famílias de baixa renda para decidirem como ganhar dinheiro, consumir e investir, ele não tem um impacto transformador, comprovado, sobre a pobreza. (IPA–Innovations for Poverty Action. Where Credit Is Due. *Innovations for Poverty Action*, Policy Bulletin, Feb. 2015. Disponível em: https://poverty-action.org/sites/default/files/publications/Where-Credit-is-Due_web.pdf. Acesso em: ago.2023.

inglês, é RCT, *randomized control trials*), como o que é feito na experimentação de novos medicamentos. Ou seja, cria-se um grupo de controle que não foi impactado pela estratégia de sustentabilidade da empresa.

Entretanto, infelizmente, nenhum desses sistemas é completamente perfeito. Mesmo os RCTs, que são considerados como o padrão-ouro na investigação. Eles oferecem respaldo científico sobre os efeitos de intervenções ou produtos específicos e, ao selecionar aleatoriamente um grupo de indivíduos elegíveis para receber ou não o tratamento, pesquisadores conseguem responder à indagação sobre o impacto do tratamento ou produto no indivíduo. Mas, para medição de impacto antes ou após o investimento, a metodologia frequentemente carece de praticidade. A conclusão dos RCTs geralmente demanda anos e requer uma intervenção constante. Como resultado, alguns defensores do investimento de impacto argumentam que essa metodologia não é apropriada para empreendimentos sociais de rápida evolução.

Em vez disso, veem a aprendizagem e adaptação como metas de mensuração mais adequadas do que a construção de evidências.[168]

Concluindo, atingir uma medição de impacto absolutamente precisa é provavelmente uma tarefa impossível. A seleção das métricas apropriadas, geralmente, envolve equilibrar o ideal (precisão e certeza) e o pragmático (limitações de tempo e de recursos). As métricas padronizadas,

---

168 COLE, Shawn; GANDHI, Vikram; BRUMME, Caitlin Reimers. *Background Note: Managing and Measuring Impact*. HBS No. 218-115. Boston: Harvard Business Publishing, 2018, p. 12.

frequentemente fundamentadas em resultados, priorizam a comparabilidade e a simplicidade (por exemplo, a quantificação de empregos gerados). No entanto, os investidores, muitas vezes, requerem informações específicas do contexto ou do setor para avaliarem o resultado ou impacto (por exemplo, se houve uma melhoria na qualidade do emprego). Assim, a maioria dos investidores adota uma mistura de métricas padronizadas e personalizadas em suas carteiras.

Ao mesmo tempo, as variadas preferências e limitações dos investidores — no que diz respeito aos efeitos, execução e avaliação — abrem portas para a emergência de diversas estratégias e para a expansão do setor, o que pode levar ao surgimento de novas e melhores técnicas de medir o impacto da atuação de uma empresa.

Mas a necessidade de levar em conta os impactos positivos nas áreas do meio ambiente e na área social não se limita à ação das empresas.

Em março de 1968, o então senador e pré-candidato a presidência dos Estados Unidos Bob Kennedy fez um famoso discurso na Universidade do Kansas no qual ele advogou que o Produto Interno Bruto de um país não pode ser somente a soma de toda a produção financeira de bens e produtos, mas deve levar em consideração também outros fatores, como a qualidade da educação, a saúde da população e a felicidade geral dos seus cidadãos.[169]

---

169 "Our Gross National Product, now, is over $800 billion dollars a year, but that Gross National Product — if we judge the United States of America by that — that Gross National Product counts air pollution and cigarette advertising, and ambulances to clear our highways of carnage. It counts special locks for our doors and the jails for the people who break them. It counts the destruction

Klaus Schwab também considera que olhar para além de lucros e do PIB de um país é um elemento essencial do seu modelo de capitalismo de *stakeholders*. Ele sugere alternativas como o *Global Competitiveness Index* do Fórum Econômico Mundial ou o *Better Life Index* da OECD (Organização para a Cooperação e o Desenvolvimento Econômico), para termos uma visão melhor do real desenvolvimento de um país.[170]

O debate sobre a inclusão de outros fatores, que não só econômicos, no cálculo do PIB, como vemos, é de longa data. Esse debate foi recentemente enriquecido pela publicação da *Nature Markets* com o resultado final de um longo estudo sobre o assunto, que contou com pessoas ligadas a governos, membros da sociedade civil (como o líder indígena Almir Narayamoga Surui), organizações não governamentais, empresários do setor privado e, inclusive, com a participação do economista brasileiro Joaquim Levy.[171]

O estudo pode ser sintetizado em sete recomendações para que um "mercado da natureza" possa funcionar.

---

of the redwood and the loss of our natural wonder in chaotic sprawl. It counts napalm and counts nuclear warheads and armored cars for the police to fight the riots in our cities. It counts Whitman's rifle and Speck's knife, and the television programs which glorify violence in order to sell toys to our children. Yet the gross national product does not allow for the health of our children, the quality of their education or the joy of their play. It does not include the beauty of our poetry or the strength of our marriages, the intelligence of our public debate or the integrity of our public officials. It measures neither our wit nor our courage, neither our wisdom nor our learning, neither our compassion nor our devotion to our country, it measures everything in short, except that which makes life worthwhile. And it can tell us everything about America except why we are proud that we are Americans" (KENNEDY, Robert F.).. A íntegra do discurso está disponível em: https://www.jfklibrary.org/learn/about-jfk/the-kennedy-family/robert-f-kennedy/robert-f-kennedy-speeches/remarks-at-the-university-of-kansas-march-18-1968. Acesso em: 1 fev. 2024.

170   SCHWAB; VANHAM, op. cit., p. 190.

171   O relatório completo está disponível em: https://www.naturemarkets.net/final-recommendations. Acesso em: 1 fev. 2024.

A primeira recomendação é "alinhar a arquitetura econômica e financeira a uma economia global da natureza que seja equitativa". Em outras palavras: para transformar a economia global, de forma sustentável e equitativa, são necessárias mudanças profundas em várias áreas, incluindo políticas financeiras, comerciais e de investimento, através de uma abordagem colaborativa, que aproveite os canais de cooperação internacional, como o G20 e outras conferências relevantes.

A segunda recomendação prevê o alinhamento de políticas de bancos centrais e instituições reguladoras, com ampliação dos mandatos de bancos centrais e reguladores, alinhando ações financeiras e compromissos governamentais e internacionais de natureza e clima, incorporando riscos e transições sustentáveis. Tal alinhamento de políticas conduziria a resultados positivos e emissões líquidas zero.

A terceira recomendação fala do alinhamento de finanças públicas com as necessidades de uma economia da natureza global e equitativa. Assim, além de abordar fluxos financeiros privados, seria crucial alinhar finanças públicas com compromissos climáticos e ambientais, promovendo orçamentos fiscais verdes, sensíveis à natureza e ao clima, eliminando subsídios prejudiciais à natureza e sensibilizando financiamentos soberanos para riscos ambientais, incluindo instrumentos baseados em desempenho.

A quarta recomendação fala em responsabilizar os mercados de commodities alimentares, em relação às pessoas e ao planeta, pois, para alinhar finanças globais à equidade e ao impacto na natureza, é crucial reformar os mercados de commodities alimentares, tornando-os mais transparentes e responsáveis. Isso demanda políticas de rastreabilidade e transparência nos impactos, além de planos de transição para natureza positiva e carbono zero (emitidos por *traders* de commodities com reforço regulatório). Em seguida, o grupo de trabalho recomenda garantir melhores benefícios econômicos para os "guardiões da natureza". Afinal, para reverter a extração não sustentável da natureza, propõe--se criar coalizões de fornecedores que estabeleçam preços mais altos, em troca de garantias de serviços ecossistêmicos alinhados com equidade e sustentabilidade. Esses esforços seriam conectados com mercados de crédito de biodiversidade e carbono, com a participação direta de povos indígenas e comunidades locais. Tendo, como referência, a aliança da Organização dos Países Produtores de Petróleo (Opep), que controla os preços do petróleo no mercado internacional, iniciativas como a chamada Opep das Florestas propõem estratégias de proteção da biodiversidade do planeta.

Finalmente, as duas últimas recomendações falam sobre combater crimes contra a natureza e medidas convergentes sobre o estado da natureza. A necessidade de combater os crimes ligados à contaminação de mercados legais requer ações sistêmicas, incluindo a exigência de investidores demonstrarem cadeias de valor livres de tais crimes e penalidades, de consumidores se envolverem com o assunto e de existir uma garantia de transparência e responsabilidade, em coordenação internacional, similares a medidas aplicadas para questões como a lavagem de dinheiro e o comércio de diamantes de conflito. Ademais, apesar da crescente disponibilidade de "biodados", para entendermos a relação entre natureza e economia, falta um acordo sobre a medição geral do estado da natureza. Necessitamos de dados públicos e acessíveis para avaliarmos impactos e riscos ambientais, numa abordagem sustentável.

Por fim, cabe dizer que as mudanças climáticas estão comumente associadas ao problema conhecido como a "Tragédia dos Comuns". A Tragédia dos Comuns é um conceito na economia e na ciência ambiental que ilustra como recursos compartilhados podem ser superutilizados e esgotados, quando indivíduos agem em seu próprio interesse, sem considerarem as consequências de longo prazo, para o bem coletivo. O termo foi cunhado pelo economista Garrett Hardin, em um artigo de 1968, com o mesmo nome.

O problema pode ser explicado através do seguinte cenário: imagine um pasto compartilhado (os comuns) onde vários pastores fazem seus rebanhos pastarem. Cada pastor busca maximizar seu próprio benefício, adicionando mais animais ao pasto, o que aumenta seus lucros. No entanto, como o pasto é compartilhado, cada animal adicional consome uma parte da grama disponível. No início, à medida que os pastores adicionam mais animais, o pasto consegue lidar com o aumento do pastoreio sem problemas. Mas, à medida que o número de animais continua a crescer, os recursos do pasto, nomeadamente a grama, tornam-se escassos. Uma vez que a capacidade de suporte do pasto é ultrapassada, a grama é superpastoreada e esgotada. Isso leva a um declínio na qualidade geral do pasto e ameaça sua sustentabilidade.

Para lidar com o problema discutido na Tragédia dos Comuns, algumas iniciativas são necessárias. Em primeiro lugar, precisamos de uma regulamentação adequada por parte do Estado. Na ausência de regulamentação, cada pessoa age com base em seu interesse imediato. Isso pode levar a um círculo vicioso, em que todos tentam extrair o máximo de benefício possível, sem considerar as consequências. Ela também exige que as pessoas ajam coletivamente para resolver essa questão. No entanto, devido ao problema do "carona" (onde alguns indivíduos se beneficiam dos esforços do grupo sem contribuir), muitas vezes, é difícil fazer com que todas as partes concordem e adiram a uma solução. Em terceiro lugar, ela precisa que os investidores comecem a pensar mais no longo prazo. Indivíduos, muitas vezes, priorizam ganhos de curto prazo em detrimento da sustentabilidade de longo prazo. Cada pastor vê o benefício imediato de adicionar mais animais ao rebanho, mas pode não considerar completamente o impacto de longo prazo no recurso. Precisamos mudar essa mentalidade.

Por fim, para que consigamos resolver esse problema, precisamos do engajamento da alta administração das empresas, devido à influência significativa que ela tem sobre as decisões estratégicas, sobre a alocação de recursos e sobre a cultura organizacional. Primeiramente, a alta administração molda a direção estratégica de uma organização; suas decisões em relação a investimentos, à adoção de tecnologia e às práticas operacionais têm um impacto direto na pegada de carbono e no impacto ambiental da organização. Ao priorizar estratégias de sustentabilidade, os líderes seniores podem guiar toda a organização em direção a práticas mais responsáveis social e ambientalmente. Além disso, a alta administração controla a alocação de recursos financeiros e humanos. O comprometimento com iniciativas sociais e de mudanças climáticas requer financiamento para projetos de energia renovável, tecnologias eficientes em energia, pesquisa e desenvolvimento de produtos sustentáveis, assim como treinamento de funcionários. Sem o apoio deles, é desafiador garantir os recursos necessários. Finalmente, o apoio da alta administração é fundamental para incentivar a inovação em tecnologias sustentáveis, produtos e modelos de negócios que possam posicionar a organização para o sucesso, em um mundo em constante mudança.

Em resumo, o engajamento da alta administração é vital para alinhar a estratégia, as operações e a cultura de uma organização com os objetivos de adaptação às mudanças sociais e climáticas. Sua liderança abre caminho para ações significativas e eficazes que contribuem para um futuro mais sustentável e resiliente. Afinal, os valores e as prioridades da alta administração influenciam a cultura organizacional. Quando os líderes seniores priorizam e modelam comportamentos sustentáveis, isso envia uma mensagem forte aos funcionários em todos os níveis.

Cada vez mais, investidores, clientes, funcionários e outras partes interessadas esperam que as organizações abordem as mudanças sociais e climáticas. O compromisso da alta administração demonstra que a organização leva essas preocupações a sério, melhorando as relações e a reputação da marca. Organizações com esse compromisso ESG podem se tornar líderes em suas indústrias. Elas podem influenciar normas e colaborar em iniciativas de âmbito setorial e podem defender políticas que apoiem um mundo sustentável.

A pandemia da covid-19 expôs, de maneira gritante, as falhas significativas nos sistemas econômicos e sociais existentes. O que era considerado normal antes da pandemia (extrema desigualdade de riqueza, racismo sistêmico e respostas inadequadas às mudanças climáticas) foi evidenciado de forma inegável durante esse período. Ela nos trouxe a urgência da necessidade de reimaginarmos o sistema capitalista, pois o foco exclusivo no lucro (que ainda caracteriza muitas empresas) deve ser complementado por uma abordagem mais abrangente, que considere o bem comum. Isso significa que as empresas não devem se concentrar apenas em maximizar seus ganhos financeiros, mas também em contribuir para o benefício da sociedade como um todo.

Para alcançar essa transição, no capitalismo, é fundamental que empresas e governos trabalhem em conjunto. O governo não deve ser visto como um adversário, mas como um parceiro na busca por soluções para os problemas sociais e ambientais. Somente por meio dessa colaboração eficaz entre o setor privado e o público será possível construir um mundo mais justo e sustentável. As empresas não podem enfrentar desafios globais prementes, como as mudanças climáticas, por conta própria. Elas devem trabalhar em conjunto com governos para regularem as emissões de carbono e promoverem soluções de baixo carbono.[172]

---

172 HENDERSON, Rebecca M. Reimagining Capitalism in the Shadow of the Pandemic. *Harvard Business Review*, July 28, 2020. Disponível em: https://hbr.org/2020/07/reimagining-capitalism-in-the-shadow-of-the-pandemic. Acesso em: set. 2023.

A boa notícia é que, nos últimos anos, o número de empresas comprometidas em atingir o que foi decidido no Acordo de Paris tem crescido significativamente. Segundo a SBTi, passamos de 436 (em 2019) para 2151 (em 2021).[173]

Além disso, em 2019, a *Business Roundtable*, uma associação composta por quase duzentos CEOs de empresas líderes nos Estados Unidos, promoveu uma redefinição significativa do propósito das empresas.[174]

Esses líderes empresariais firmaram uma declaração atualizada, expressando sua aspiração de desviar o foco da priorização exclusiva dos acionistas, para adotarem um modelo de capitalismo de *stakeholder*. Essa mudança de perspectiva reflete o reconhecimento de que, para sustentar o capitalismo, não é mais viável seguir a doutrina de Friedman, que preconizava que o único objetivo de uma empresa era maximizar os lucros para os acionistas em um horizonte de tempo limitado.

Essa perspectiva pode nos deixar um pouco mais esperançosos de que conseguiremos deixar, como herança, um planeta melhor para as futuras gerações.

---

173 SCIENCE Based Targets. SBTi *Monitoring Report* 2022. Disponível em: https://sciencebasedtargets.org/reports/sbti-monitoring-report-2022. Acesso em: ago. 2023.
174 Disponível em: https://www.businessroundtable.org/business-roundtable-redefines-the-purpose-of-a-corporation-to-promote-an-economy-that-serves-all-americans. Acesso em: set. 2023.

FONTE Minion Pro
PAPEL Pólen 80g
IMPRESSÃO Paym